入园家园共育导手册

新生入园分离焦虑的实践策略与方法

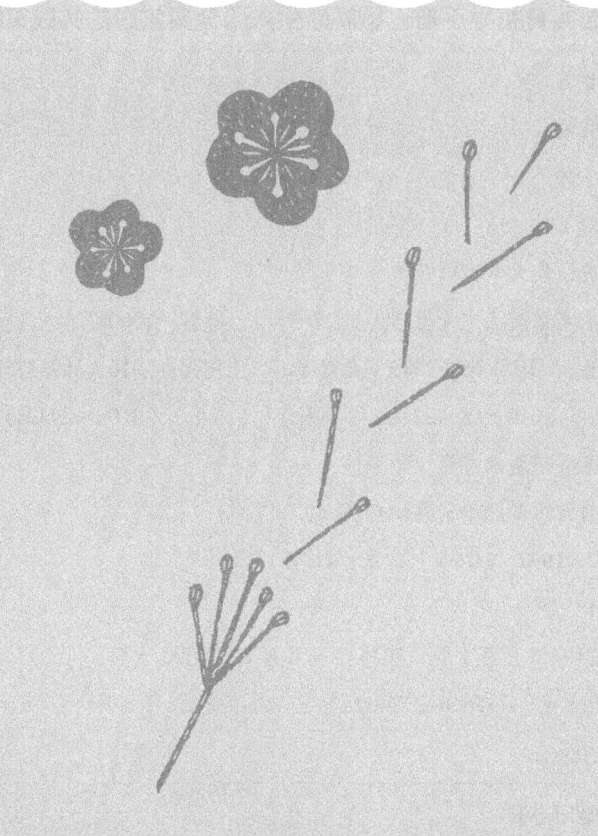

单银雪 著

北京市学校德育研究会重点研究课题
《家园社一体化德育资源整合实践研究》成果

中央民族大学出版社
China Minzu University Press

图书在版编目（CIP）数据

新生入园家园共育指导手册：缓解新生入园分离焦虑的实践策略与方法 / 单银雪著 . -- 北京：中央民族大学出版社，2024.6. -- ISBN 978-7-5660-2374-2

Ⅰ.G613

中国国家版本馆 CIP 数据核字第 20244XN617 号

新生入园家园共育指导手册：缓解新生入园分离焦虑的实践策略与方法

著　　　者	单银雪
策划编辑	赵秀琴
责任编辑	艾　帅
封面设计	舒刚卫
出版发行	中央民族大学出版社
	北京市海淀区中关村南大街 27 号　　邮编：100081
	电话：（010）68472815（发行部）　传真：（010）68933757（发行部）
	（010）68932218（总编室）　　　（010）68932447（办公室）
经 销 者	全国各地新华书店
印 刷 厂	北京鑫宇图源印刷科技有限公司
开　　本	787×1092　1/16　　印张：11.75
字　　数	154 千字
版　　次	2024 年 6 月第 1 版　2024 年 6 月第 1 次印刷
书　　号	ISBN 978-7-5660-2374-2
定　　价	58.00 元

版权所有　翻印必究

编委会名单

主编：单银雪

编委：周　宇　冯　雪　刘佳晨　苏　博　许　璐

　　　　马晓曼　李艳红　李　京　罗光磊　陈　昊

　　　　王　婧

顾问：朱洪秋

前　言

　　《新生入园家园共育指导手册》是名苑幼儿园参与大中小幼一体化德育体系建设和家校社共育课题研究的重要成果之一，其基本宗旨是把幼儿入园衔接环节置于大中小幼一体化德育体系建设的系统纵向链条之中，置于家庭、学校、社会协同育人的横向合作育人体系之中。

　　《新生入园家园共育指导手册》是助力即将入园幼儿的家长做好入园衔接准备、缓解新生入园分离焦虑、帮助幼儿尽快完成入园适应过程的专业指南和实用指南。本手册共包括了理论篇、实践篇、创新篇、评价篇、专业篇五个章节。理论篇以"三全育人"理论模型为依据，引导儿童教育所有过程都要遵循全员、全程、全方位育人的三全育人原则与策略；实践篇以科学、专业、高效为原则，对来园环节、盥洗环节、进餐环节、饮水环节、游戏环节、午睡环节、起床环节、户外活动环节、离园环节等九个幼儿园一日常规育人环节的内涵、要素、要求进行了简约、具体的说明，并提供了相应的教育资源；创新篇结合家长问卷调查和家庭教育的生活化特点，从思想品德、情绪情感、体育锻炼、营养饮食、穿衣指南、疾病预防、生活护理、卫生习惯、安全常识九个方面提出了入园衔接的指导性建议；评价篇是在推进北京市学校德育研究会重点研究课题《家园社一体化德育资源整合实践研究》进程中获得的社会良好评价；专业篇为家长提供了教育部颁发的《3—6岁儿童学习与发展指南》，帮助幼儿家长了解幼儿园小班、中班、大班三年的主要学习生活内容，助力幼儿未来在健康、语言、社会、科学、艺术五大领域的学习。

希望《新生入园家园共育指导手册》能够成为助力入园衔接、家校协同、幼儿健康成长的实用手册。

朱洪秋

2024年1月

目 录

《新生入园家园共育指导手册》使用说明……………………… 1

第一章 理论篇……………………………………………………… 3
  第一节 新生入园"三全育人"操作体系概述 ……………… 4
  第二节 小班幼儿发展建议说明………………………………… 7
  第三节 《3—6岁儿童学习与发展指南》（节选）…………… 8
  第四节 小班幼儿一日生活环节………………………………… 13
  第五节 幼儿园一日生活环节…………………………………… 14
  第六节 幼儿一日生活环节及资源概述………………………… 16

第二章 实践篇……………………………………………………… 17
  第一节 来园环节………………………………………………… 18
    一、幼儿来园环节概述………………………………………… 18
    二、幼儿来园环节要素及要求………………………………… 19
    三、幼儿来园环节要素及资源………………………………… 19

  第二节 盥洗环节………………………………………………… 24
    一、盥洗环节概述……………………………………………… 24
    二、盥洗环节要素及要求……………………………………… 25
    三、盥洗环节要素及资源……………………………………… 25

  第三节 进餐环节………………………………………………… 30
    一、进餐环节概述……………………………………………… 30

二、进餐环节关键要素及要求 ………………………………………30
　　三、进餐环节要素及资源 ……………………………………………31

第四节　饮水环节 …………………………………………………35
　　一、饮水环节概述 ……………………………………………………35
　　二、饮水环节关键要素及要求 ………………………………………35
　　三、饮水环节要素及资源 ……………………………………………36

第五节　游戏环节 …………………………………………………39
　　一、游戏环节概述 ……………………………………………………39
　　二、游戏环节关键要素及要求 ………………………………………39
　　三、游戏环节要素及资源 ……………………………………………40

第六节　午睡环节 …………………………………………………42
　　一、午睡环节概述 ……………………………………………………42
　　二、午睡环节关键要素及要求 ………………………………………42
　　三、午睡环节要素及资源 ……………………………………………43

第七节　起床环节 …………………………………………………46
　　一、起床环节概述 ……………………………………………………46
　　二、起床环节关键要素及要求 ………………………………………46
　　三、起床环节要素及资源 ……………………………………………47

第八节　户外活动环节 ……………………………………………51
　　一、户外活动环节概述 ………………………………………………51
　　二、户外活动环节关键要素及要求 …………………………………52
　　三、户外活动环节要素及资源 ………………………………………52

第九节　离园环节 …………………………………………………54
　　一、离园环节概述 ……………………………………………………54
　　二、离园环节关键要素及要求 ………………………………………55
　　三、离园环节要素及资源 ……………………………………………55

第三章　创新篇 …………………………………………………59
　　幼儿园调研需求增设内容 ……………………………………………60

第一节 思想品德
一、思想品德概述 …… 61
二、思想品德关键要素及资源 …… 62

第二节 情绪情感
一、情绪情感概述 …… 65
二、情绪情感要素及资源 …… 66

第三节 体育锻炼
一、体育锻炼概述 …… 69
二、体育锻炼要素及资源 …… 69

第四节 营养饮食
一、营养饮食概述 …… 73
二、营养饮食要素及资源 …… 73

第五节 穿衣指南
一、穿衣指南概述 …… 79
二、穿衣指南要素及资源 …… 79

第六节 疾病预防
一、疾病预防概述 …… 85
二、疾病预防要素及资源 …… 85

第七节 生活护理
一、生活护理概述 …… 91
二、生活护理要素及资源 …… 92

第八节 卫生习惯
一、卫生习惯概述 …… 95
二、卫生习惯要素及资源 …… 95

第九节 安全常识
一、安全常识概述 …… 98
二、安全常识要素及资源 …… 98

第四章　评价篇 ·· 103
　　一、感谢信 ·· 104
　　二、锦旗故事 ·· 118
　　三、平台留言 ·· 127

第五章　专业篇 ·· 131
　　附件1：调查问卷 ·· 132
　　附件2：3—6岁儿童学习与发展指南 ························ 138

《新生入园家园共育指导手册》
使用说明

尊敬的家长：

您好！恭喜您的孩子即将成为名苑幼儿园大家庭中小班的一名小朋友，开启快乐的集体生活之旅。

相信此时此刻的您，一定是喜忧参半吧。喜的是孩子进入幼儿园，将接受专业的教育与指导；忧的是孩子羽翼尚未丰满，还有很多需要照顾的地方，不知道怎么办……

您的心情我们非常理解，在以往的新生入园中，很多家长也和您一样有很多担心，如孩子在幼儿园哭了怎么办、孩子不会自己吃饭怎么办、孩子不会表达需求怎么办、孩子在幼儿园被人欺负了怎么办、孩子不会独立上厕所怎么办等一系列问题。

为了有效解决以上问题，找到缓解新生入园分离焦虑的实践策略与方法，我园教师在第一版《新生入园家长指导手册》基础之上，深入研发更为科学、规范的指导手册。通过生活能力与习惯的前测、后测数据对比，重新架构整体内容，按照一日生活流程重新梳理各部分内容。此外，还根据收集的家长与教师的使用意见及建议，补充了部分内容，最终形成新版《新生入园家园共育指导手册——缓解新生入园分离焦虑的实践策略与方法》。相信新版手册能够更好地帮助家长和幼儿提前了解幼儿园的生活环境，结合幼儿入园应具备的生活习惯与生活能力，有目的、有计划地开展家园贯通、协同育人机制，助力幼儿自信满满的融入新的环境。

新版手册包括五个篇章，第一篇章为理论篇，第二篇章为实践篇，第三篇章为创新篇，第四篇章为评价篇，第五篇章为专业篇。第一篇章主要有"三全育人"操作体系介绍、小班幼儿发展建议；第二篇章围绕幼儿园一日生活环节及要求，向家长介绍了每个环节的关键要素、幼儿应具备的能力习惯、家长教育指导建议、教师精心创编的辅助家长培养新生入园应具备的能力、习惯准备资源，每个资源文本匹配相应的儿歌辅助资源，图文并茂地向家长介绍了科学育儿理念与方法。第三篇章为创新篇，主要为弥补一日生活环节涵盖范围的不足，结合家长、教师培育需求增补了思想品德、情绪情感、体育锻炼、营养饮食、穿衣指南、疾病预防、生活护理、卫生习惯、安全常识等方面的内容。第四篇章为评价篇，主要聚焦于家长的社会评价，包含了令人动容的锦旗故事、充满感激之情的感谢信，以及在日常交流平台上留下的一句句真挚留言。这些评价不仅体现了家长们对园所和教师的信任与支持，也为我们提供了不断改进和前进的动力；第五篇章为专业篇，主要为政策性文件，幼儿能力习惯前测、后测问卷等相关内容，辅助家长完成教育指导。

请家长认真阅读指导手册，合理安排幼儿一日生活，为幼儿创设宽松、自主的学习环境，循序渐进开展必要的指导与练习，帮助幼儿逐步养成良好的生活习惯与初步的独立生活能力，做好家庭生活与幼儿园集体生活的衔接。

幼儿的学习方式主要是以模仿成人行为和具体操作体验为主，在学习的过程中，建议家长尽量放手，鼓励幼儿自己的事情自己做，允许幼儿在学习探索过程中的试误行为，同时保证幼儿的安全健康。

请您相信，幼儿园教师会对幼儿进行专业的教育指导，也请您相信幼儿适应新环境的能力，相信幼儿是主动的学习者。放手，支持幼儿勇敢地迎接新的挑战！

第一章 理论篇

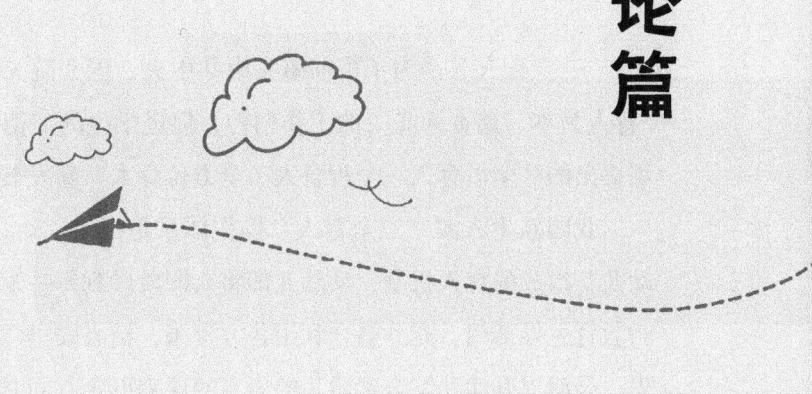

第一节 新生入园"三全育人"操作体系概述

"三全育人"是为了贯彻落实中共中央、国务院关于各教育部门落实"育人为本、德育为先"的工作精神，促进学生的"德智体美劳"全面发展提出的"全员育人、全程育人、全方位育人"新发展理念。

我园新生入园"三全育人"操作体系是指由"幼儿园、家庭、社会、幼儿"组成的育人机制，从幼儿即将入园阶段到每一学期结束，幼儿园作为教育主导部门，充分整合利用各方资源，精心安排"五育并举、德育为先、全面提升幼儿综合素质"的丰富的课程设置，同时采用生活化、游戏化的教学方式，实现"教育理念先行、方法策略得当、家园协同合作、社区资源共享、携手助力成长"的育人格局。

幼儿园作为教育的组织者和实施者，以专业的视角结合新生入园阶段的特点，清晰地梳理了幼儿园、家庭、社会、幼儿的四个主体责任，形成幼儿园、家庭、社会资源整合与协同育人的工作机制。

幼儿园履行教育主体责任，提供指导手册。以立德树人为根本任务，结合幼儿的分离焦虑编写《新生入园家园共育指导手册》，向家长宣传科学的衔接教育理念、方法，为新生入园做好各项准备工作。

家庭履行家庭教育责任，运用指导手册。以立德树人为根本任务，运用科学有效的育儿策略，积极配合幼儿园，对幼儿实施道德品质、身体素质、生活技能、行为习惯等方面的培育与引导。

社会履行社会教育的责任，扩展教育资源。社区积极同周边的幼儿园及社区家庭进行联动，针对家长或幼儿需求，统合相关教育资源、开展专项活动，解决群众的急、难、愁、盼等问题，发挥社会教育的积极作用。

幼儿履行自我教育责任，接受指导教育。以身边优秀的教师、家长及同伴为学习榜样，积极学习他人良好的道德品质及行为，为自己的成长自豪并产生对新生活的向往。在成人协助下愿意挑战新的生活技能，情绪稳定，不怕困难，乐于交往，获得自信。

名苑幼儿园新生入园"三全育人"操作体系

目标	通过"三全育人"体系的建设实施，实现"教育理念先行、方法策略得当、家园协同合作、社区资源共享、携手助力成长"。	
主体责任	幼儿园	1.以专业的视角、结合新生入园阶段的特点，为入园新生家长编写指导手册。 2.通过多种方式了解不同家庭育儿观念，尊重个体差异，传递科学的育儿理念，与家长达成共识。 3.为新生入园做好各项准备工作，营造温馨、有序的幼儿园环境。 4.运用专业教育理念陪伴幼儿成长，呵护幼儿良好的行为品质，家园携手，协同育人，助力幼儿健康成长。
	家庭	1.认同幼儿园教育理念，积极与幼儿园进行配合，同心协力培养幼儿适应集体生活的能力、习惯。 2.运用科学有效的育儿策略，做好幼儿进入集体生活的精神准备、能力准备、习惯准备。 3.记录幼儿在家生活、学习的精彩瞬间，梳理育儿经验或育儿困惑，能主动与家长、教师分享。
	社会	1.根据家长育儿需求，引进相关教育专家开展讲座，解答家长困惑。 2.社区联动开展社区学前教育咨询活动，解答社区居民对早教、入园、能力培养等方面关切问题。 3.社区发挥教育平台的重要职能，为幼儿园引进丰富的项目活动，为幼儿提供社会实践活动。
	幼儿	1.在家长的引导下，向往幼儿园生活，知道长大了，马上要升入幼儿园，萌发即将升入幼儿园的自豪情感。 2.在生活中、在游戏中，在家人的指导下获得有益的生活习惯、生活自理能力，获得自信。 3.在教师的引导下，主动适应新环境，乐意与同伴、教师交往，对幼儿园产生初步的归属感。

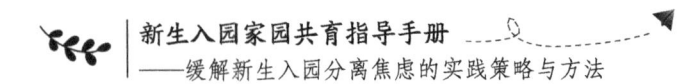

幼儿园报名流程

时间	流程	标准
7月上旬	相遇	1.家长网上报名，自主选择名苑幼儿园。 2.网上提交材料，幼儿园按要求审核材料。 3.幼儿园主动沟通，提示重新提交材料复审。 4.根据招生原则，划定招生范围，提交教委审核。
7月中旬	相识	1.平台发放预录取通知，预约体检。 2.提交幼儿体检报告，做好健康入园准备。 3.发放《新生入园家园共育指导手册》，建立家园合作关系。 4.认同幼儿园教育理念，共同培养幼儿生活自理能力。 5.家长收集问题与反映困惑。
8月	相知	1.发放调查问卷，了解家长的问题与困惑。 2.回收调查问卷，了解家长育儿理念和需求。 3.开展家长讲堂，专家解读家长育儿困惑。 4.家园达成共识，继续开展家园配合协同育人。
9月	相守	1.新生入园，教师通过观察了解幼儿在园表现，为每名幼儿建立电子成长档案（三年一贯性）。 2.教师与家长反馈幼儿在园行为表现，进一步推进家园协同育人。 3.结合幼儿发展现状，制订班级学期工作计划。

第二节　小班幼儿发展建议说明

《3—6岁儿童学习与发展指南》是指导幼儿园和家庭实施科学的保育和教育、促进幼儿身心全面和谐发展的纲领性文件。以为幼儿后继学习和终身发展奠定良好素质基础为目标，以促进幼儿体、智、德、美各方面的协调发展为核心，提出3—6岁各年龄段儿童学习与发展目标和相应的教育建议。

小班幼儿发展建议内容节选自《3—6岁儿童学习与发展指南》中3—4岁各领域内容，从健康、语言、社会、科学、艺术五个领域描述幼儿的学习与发展，每个领域按照幼儿学习与发展最基本、最重要的内容划分为三级目标。

家长可以根据三级目标的具体内容，了解3—4岁幼儿学习发展的基本规律和特点，以及幼儿大致可以达到的发展水平，帮助家长明确此阶段幼儿学习与发展的具体方向，建立对幼儿发展的合理期望。

结合三级目标，家长能够在幼儿入园前结合家庭生活有针对性地培养其各方面能力，实施科学的保育和教育，为幼儿入园做充分准备。

第三节 《3－6岁儿童学习与发展指南》(节选)

领域	一级目标	二级目标	三级目标
健康领域	身心状况	具有健康的体态	身高和体重适宜。 参考标准：男孩：身高：94.9－111.7厘米 　　　　　　　　体重：12.7－21.2公斤 　　　　　　女孩：身高：94.1－111.3厘米 　　　　　　　　体重：12.3－21.5公斤
			在提醒下能自然坐直、站直。
		情绪安定愉快	情绪比较稳定，很少因一点小事哭闹不止。
			有比较强烈的情绪反应时，能在成人的安抚下逐渐平静下来。
		具有一定的适应能力	能在较热或较冷的户外环境中活动。
			换新环境时情绪能较快稳定，睡眠、饮食基本正常。
			在帮助下能较快适应集体生活。
	动作发展	具有一定的平衡能力，动作协调、灵敏	能沿地面直线或在较窄的低矮物体上走一段距离。
			能双脚灵活交替上下楼梯。
			能身体平衡地双脚连续向前跳。
			分散跑时能躲避他人的碰撞。
			能双手向上抛球。
		具有一定的力量和耐力	能双手抓杠悬空吊起10秒左右。
			能单手将沙包向前投掷2米左右。
			能单脚连续向前跳2米左右。
			能快跑15米左右。

第一章 理论篇

续表

领域	一级目标	二级目标	三级目标
健康领域	动作发展	具有一定的力量和耐力	能行走1公里左右（途中可适当停歇）。
		手的动作灵活协调	能用笔涂涂画画。
			能熟练地用勺子吃饭。
			能用剪刀沿直线剪，边线基本吻合。
	生活习惯与生活能力	具有良好的生活与卫生习惯	在提醒下，按时睡觉和起床，并能坚持午睡。
			喜欢参加体育活动。
			在引导下，不偏食、挑食。喜欢吃瓜果、蔬菜等新鲜食品。
			愿意饮用白开水，不贪喝饮料。
			不用脏手揉眼睛，连续看电视等不超过15分钟。
			在提醒下，每天早晚刷牙、饭前便后洗手。
		具有基本的生活自理能力	在帮助下能穿脱衣服和鞋袜。
			能将玩具和图书放回原处。
		具备基本的安全知识和自我保护能力	不吃陌生人给的东西，不跟陌生人走。
			在提醒下能注意安全，不做危险的事。
			在公共场所走失时，能向警察或有关人员说出自己和家长的名字、电话号码等简单信息。
语言领域	倾听与表达	认真听并能听懂常用语言	别人对自己说话时能注意听并做出回应。
			能听懂日常会话。
		愿意讲话并能清楚地表达	愿意在熟悉的人面前说话，能大方地与人打招呼。
			基本会说本民族或本地区的语言。
			愿意表达自己的需要和想法，必要时能配以手势动作。
			能口齿清楚地唱儿歌、童谣或复述简短的故事。
		具有文明的语言习惯	与别人讲话时知道眼睛要看着对方。

续表

领域	一级目标	二级目标	三级目标
语言领域	倾听与表达	具有文明的语言习惯	说话自然，声音大小适中。
			能在成人的提醒下使用恰当的礼貌用语。
	阅读与书写准备	喜欢听故事，看图书	主动要求成人讲故事、读图书。
			喜欢跟读韵律感强的儿歌、童谣。
			爱护图书，不乱撕、乱扔。
		具有初步的阅读理解能力	能听懂短小的儿歌或故事。
			会看图画，能根据图画说出图中有什么、发生了什么事等。
			能理解图书上的文字是和画面对应的，是用来表达画面意义的。
		具有书面表达的愿望和初步技能	喜欢用涂涂画画表达一定的意思。
社会领域	人际交往	愿意与人交往	愿意和小朋友一起游戏。
			愿意与熟悉的长辈一起活动。
		能与同伴友好相处	想加入同伴的游戏时，能友好地提出请求。
			在成人指导下，不争抢、不独霸玩具。
			与同伴发生冲突时，能听从成人的劝解。
		具有自尊、自信、自主的表现	能根据自己的兴趣选择游戏或其他活动。
			为自己的好行为或活动成果感到高兴。
			自己能做的事情愿意自己做。
			喜欢承担一些小任务。
		关心尊重他人	长辈讲话时能认真听，并能听从长辈的要求。
			身边的人生病或不开心时表示同情。
			在提醒下能做到不打扰别人。
	社会适应	喜欢并适应集体生活	对群体活动有兴趣。

续表

领域	一级目标	二级目标	三级目标
社会领域	社会适应	喜欢并适应集体生活	对幼儿园的生活好奇，喜欢上幼儿园。
		遵守基本的行为规范	在提醒下，能遵守游戏和公共场所的规则。
			知道不经允许不能拿别人的东西，借别人的东西要归还。
			在成人提醒下，爱护玩具和其他物品。
		具有初步的归属感	知道和自己一起生活的家庭成员及与自己的关系，体会到自己是家庭的一员。
			能感受到家庭生活的温暖，爱父母，亲近与信赖长辈。
			能说出自己家所在街道、小区（乡、镇、村）的名称。
			认识国旗，知道国歌。
科学领域	科学探究	亲近自然，喜欢探究	喜欢接触大自然，对周围的很多事物和现象感兴趣。
			经常问各种问题，或好奇地摆弄物品。
		具有初步的探究能力	对感兴趣的事物能仔细观察，发现其明显特征。
			能用多种感官或动作去探索物体，关注动作所产生的结果。
		在探究中认识周围事物和现象	认识常见的动植物，能注意并发现周围的动植物是多种多样的。
			能感知和发现物体和材料的软硬、光滑和粗糙等特性。
			能感知和体验天气对自己生活和活动的影响。
			初步了解和体会植物和人们生活的关系。
	数学认知	初步感知生活中数学的有用和有趣	感知和发现周围物体的形状是多种多样的，对不同的形状感兴趣。
			体验和发现生活中很多地方都用到数。
		感知和理解数、量及数量关系	能感知和区分物体的大小、多少、高矮长短等量方面的特点，并能用相应的词表示。
			能通过一一对应的方法比较两组物体的多少。

续表

领域	一级目标	二级目标	三级目标
科学领域	数学认知	感知和理解数、量及数量关系	能手口一致地点数5以内的物体，并能说出总数。能按数取物。
			能用数词描述事物或动作。如我有4本书。
		感知形状与空间关系	能注意物体较明显的形状特征，并能用自己的语言描述。
			能感知物体基本的空间位置与方位，理解上下、前后、里外等方位词。
艺术领域	感受与欣赏	喜欢自然界与生活中美的事物	喜欢观看花草树木、日月星空等大自然中美的事物。
			容易被自然界中的鸟鸣、风声、雨声等好听的声音所吸引。
		喜欢欣赏多种多样的艺术形式和作品	喜欢听音乐或观看舞蹈、戏剧等表演。
			乐于观看绘画、泥塑或其他艺术形式的作品。
	表现与创造	喜欢进行艺术活动并大胆表现	经常自哼自唱或模仿有趣的动作、表情和声调。
			经常涂涂画画、粘粘贴贴并乐在其中。
		具有初步的艺术表现与创造能力	能模仿学唱短小歌曲。
			能跟随熟悉的音乐做身体动作。
			能用声音、动作、姿态模拟自然界的事物和生活情景。
			能用简单的线条和色彩大体画出自己想画的人或事物。

第四节　小班幼儿一日生活环节

幼儿一日生活环节是以《幼儿园教育指导纲要（试行）》实施细则、《3—6岁儿童学习与发展指南》为依据，坚持保教并重，寓教育于一日生活之中，科学、合理地安排和组织一日生活，养成良好、稳定的作息和生活常规，使幼儿逐步形成文明的生活方式，促进幼儿健康成长。

此板块旨在入园前使家长了解幼儿园生活与家庭生活之间的相互联系，结合相同与不同，在入园前对幼儿进行相关能力与意识的培养，以提高幼儿生活自理能力、增强自信心、缓解因能力不足引起的入园焦虑情绪，更是为其社会性发展奠定坚实基础。

板块内容包含一日生活环节、关键要素、能力准备、家长建议以及资源支持五大内容。一日生活环节利用表格的形式直观展现，使家长提前了解幼儿园一日生活的重要组成部分和稳定的作息安排；关键要素内容能够使家长了解幼儿园生活各环节的重要流程；能力准备内容能够使家长了解幼儿在此环节所需具备的重要能力；家长建议内容能够使家长了解培养幼儿相应能力的具体做法；资源支持将幼儿年龄特点与发展需要相结合，利用文字的形式呈现，满足家长与幼儿的不同需求。

幼儿从家庭进入幼儿园是迈入社会的第一步，其各方面能力发展为日后形成良好生活行为习惯、交往能力、语言表达能力、规则意识等全方面发展奠定良好基础，同时对幼儿能够平稳步入幼儿园生活起着至关重要的作用。

希望通过此板块，家长更加了解幼儿在园生活，在家庭生活中提前渗透培养。通过说一说、玩一玩、做一做等多元化的形式，促进幼儿全面发展，使家长放心送园、幼儿开心入园。

第五节　幼儿园一日生活环节

环节	关键要素
来园	排队
	问好
	上楼
盥洗	如厕
	洗手
	擦手
进餐	进餐
	擦嘴
	漱口
饮水	取杯
	饮水
	送杯
游戏	拿取
	操作
	收整
睡觉	脱衣
	上床
	入睡
起床	起床

续表

环节	关键要素
起床	穿衣
	整理
户外活动	准备
	锻炼
	收整
离园	排队
	点名
	离园

第六节　幼儿一日生活环节及资源概述

2001年7月《幼儿园教育指导纲要（试行）》由教育部颁布，在健康领域中明确指出：坚持保教并重，寓教育于一日生活之中，是实现教育目标的重要途径。科学安排幼儿在园期间的教育教学活动、游戏活动、户外活动、生活活动和其他各项活动是促进幼儿身心健康发展的重要途径。

幼儿一日生活环节是幼儿园从实际出发，科学组织一日生活，建立必要的、合理的生活常规，在培养幼儿良好生活习惯的同时，重点培养幼儿生活自理能力，引导幼儿学习自我管理。

幼儿一日生活环节包含来园、盥洗、进餐、饮水、游戏、午睡、起床、户外活动、离园等九个环节。每一环节中包含三个关键要素，每一要素均配备相应儿歌、绘本、图片等资源进行详细讲解与示范。在来园、离园环节中，引导幼儿乐意与人交往，会使用简单的礼貌用语与他人打招呼；在盥洗环节中，学习自主如厕、洗手，有序做事，初步养成遵守规则的意识；在进餐、饮水环节中，引导幼儿掌握基本的用餐方法，会使用小勺独立进餐，喜欢吃健康的食物，会自主取送水杯，养成主动喝水的习惯；在游戏、户外活动环节中，能主动参与各项游戏活动，有自信心，了解必要的安全保健常识，学习保护自己；在睡觉、起床环节中，学习穿、脱、整理衣物，逐步养成良好睡眠习惯，做自己能做的事情，感受独立做事的快乐和满足。

幼儿即将步入幼儿园生活，家长应帮助幼儿做好各方面的入园准备，希望通过幼儿一日生活环节能力准备资源，有效帮助您和幼儿提前做好生活卫生习惯及自理能力准备，以便幼儿顺利适应幼儿园生活。

第二章 实践篇

第一节　来园环节

一、幼儿来园环节概述

来园环节是幼儿一日生活和游戏的开始。过程中蕴含着时间观念的培养、有序排队的社会规则以及主动与老师、同伴打招呼、和家长说再见等礼貌行为的养成，家长需要根据幼儿园统一的时间、地点送幼儿入园。

在来园环节中，家长需要为幼儿准备好来园服装、引导幼儿按时起床、洗漱，规划好出发时间、来园路线及与教师沟通的内容等，确保按时入园。到达幼儿园门口后，家长与幼儿一起按照班牌位置和入园路线有序排队，遵守社会公共秩序，见到老师、同伴主动问好，并做好情感上的嘱咐和鼓励，帮助幼儿从心理到行为向独立自主生活进行过渡。例如："宝贝开开心心上幼儿园，妈妈安安心心工作，我们晚上见"。良好的亲子沟通，有助于幼儿调整情绪，缓解分离焦虑情绪。

为了引导幼儿高高兴兴上幼儿园，我园教师精心创编了儿歌、故事等资源，方便家长教育引导幼儿养成良好的习惯。

二、幼儿来园环节要素及要求

环节	关键要素	能力准备	家长建议	资源支持
来园	排队	☆排队时身体能够自然站直。 ☆在提醒下能够遵守公共场所的规则。	☆家长手拉幼儿排队，为幼儿做好榜样示范。 ☆在公共场所不大声喧哗。	1.手指谣《排队》 2.儿歌《排队歌》 3.故事《一起吃蛋糕》
	问好	☆在成人提醒下能大方地与人打招呼，会使用礼貌用语。	☆家长为幼儿做好榜样示范，礼貌与人打招呼。	1.儿歌《我来问声好》 2.儿歌《小朋友有礼貌》（一） 3.儿歌《小朋友有礼貌》（二）
	上楼	☆能手扶扶手、双脚灵活交替地上下楼梯。	☆为幼儿提供自己上下楼梯的机会，鼓励幼儿自己走。	1.儿歌《上楼安全歌》 2.儿歌《上下楼 我最棒》 3.儿歌《上楼》 4.儿歌《上楼歌》

三、幼儿来园环节要素及资源

（一）排队

手指谣

排队

小小火车要出发，

每节车厢不落下。

你站前来我排后，

不争不抢人人夸。

作者：陈　曦

卢　泽

儿歌

排队歌

小火车，呜呜呜，

一个跟着一个走。

你在前，我在后，

轻声慢步向前走。

作者：张　玥

王　琳

故事　一起吃蛋糕

草地上，一群可爱的小动物聚在一起，眼巴巴地盯着一块美味的蛋糕。大家都想吃这块美味的蛋糕，可是谁先吃呢？

小猫跃跃欲试地说："我先，我先！"小猫想成为第一名，但其他小动物不满意。小兔子提议说："大家都想成为第一名，我们一起排队吧。"大家纷纷同意，于是小动物们开始排队。

小鸟飞到队伍前，笑着说："我们都要有耐心，轮流来，大家都有机会成为'第一名'。"小动物们开心地排成一队，轮流享受美味的蛋糕。

大家发现，其实一起分享更快乐，成为"第一名"不再重要。小猫得意扬扬地说："其实，大家一起都是'第一名'！"小动物们都笑了。

从此以后，小动物们学会了共同努力，不再争抢，学会了轮流和分享，成了最好的朋友。

作者：王　喆

（二）问好

儿歌

我来问声好

小朋友们早上好，

老师您好我也好。

挥挥手儿弯弯腰,

老师夸我有礼貌。

见到同伴问声好,

拉拉手儿抱一抱。

我是礼貌好宝宝。

作者:吴明秀

代依璇

儿歌

小朋友有礼貌(一)

小朋友们有礼貌,

见到老师要问好,

声音好听又洪亮,

人人夸我好宝宝。

作者:陈 希

李思璇

儿歌

小朋友有礼貌(二)

太阳公公出来早,

快快背上小书包。

见到老师问声好,

老师夸我有礼貌。

作者:汪平宇

（三）上楼

儿歌

上楼安全歌

小朋友，上楼梯，

一二一二真整齐。

脚踩稳，眼看前，

安安全全上楼去。

作者：韩月颖

张晨溪

儿歌

上下楼 我最棒

小朋友，上楼梯，

不推不挤不着急。

一步一步往上走，

上楼安全要牢记。

作者：张路瑶

儿歌

上楼

小朋友，上楼梯，

不推不挤不着急。

上楼梯，静悄悄，

看谁像只小花猫。

你在前，我在后，

做个谦让好宝宝。

作者：赵　琼

李可欣

儿歌

上楼歌

小朋友们上楼梯，

轻声慢步要安静。

一个一个排好队，

抓住扶手靠右行。

眼看台阶慢慢走，

队伍走得真整齐。

上下楼梯不玩闹，

遵守秩序我最棒！

作者：刘　政

第二节　盥洗环节

一、盥洗环节概述

盥洗是幼儿园一日生活中重要且多次出现的环节，包括如厕、洗手和擦手三个部分。在这一环节中，幼儿需要掌握独立穿脱裤子、正确的大小便如厕方法、主动整理衣服、便后主动洗手、正确擦手等能力。

幼儿园"提供"公共卫生间且男女分厕，为满足不同幼儿的需求，幼儿园设置了蹲厕及立式便池，与家庭中的如厕环境有很大的差异。因此，需要增强幼儿腿部肌肉力量的练习，指导幼儿能够在如厕时两脚分开蹲稳。

饭前便后主动洗手是幼儿健康生活的一项良好习惯，在家庭生活中，幼儿多是在家长陪伴下完成，还未形成稳定的习惯。因此需要家长和教师抓住一日生活中的盥洗环节，指导幼儿多次练习、巩固，才能形成自动化习惯，助其养成终身的健康、文明生活方式。

在此，我园教师精心为家长和幼儿准备了一些学习资源，辅助幼儿建立良好的生活习惯。

二、盥洗环节要素及要求

环节	关键要素	能力准备	家长建议	资源支持
盥洗	如厕	☆掌握正确的如厕方法，不弄湿裤子，会自己提裤子。 ☆掌握蹲厕如厕方法，会自己扒住裤子，不尿湿裤子。	☆指导幼儿学会蹲厕，不尿湿或弄脏裤子。 ☆指导女孩学习小便后擦屁股的方法。	1.儿歌《如厕我知道》 2.儿歌《文明如厕歌》 3.儿歌《我会如厕》（男孩） 4.儿歌《我会如厕》（女孩）
	洗手	☆掌握正确洗手方法。	☆提示幼儿饭前便后洗手。	1.儿歌《我的小手真干净》 2.儿歌《洗手歌》（一） 3.儿歌《洗手歌》（二）
	擦手	☆会打开毛巾擦手。	☆指导幼儿把手上的水擦干。	1.儿歌《小手擦干净》 2.儿歌《擦手》 3.儿歌《我会擦手》

三、盥洗环节要素及资源

（一）如厕

儿歌

如厕我知道

小朋友，不贪玩，
及时如厕很重要。
如厕之前看标志，
男孩女孩要分清。

作者：李艳红
孙　玮

儿歌

文明如厕歌

小朋友，讲卫生，
大便小便记得冲。
便后洗手要记牢，
养成卫生好习惯。

作者：李艳红

孙　玮

儿歌

我会如厕

（男孩）

男孩小便要站直，
裤子脱到膝盖上，
挺起肚子不尿湿，
便后双手提裤腰，
前后左右整理好。

作者：李艳红

孙　玮

儿歌

我会如厕

（女孩）

女孩小便要蹲稳，
裤子脱到膝盖上。
扶好裤子不尿湿，
便后纸巾擦屁屁。
双手提起小裤腰，

前后左右整理好。

作者：李艳红

孙　玮

（二）洗手

儿歌

我的小手真干净

两只小手来洗澡，
手心手背亲一亲。
手指交叉搓一搓，
拇指进洞瞧一瞧。
五指并拢转一转，
手腕也要洗一洗，
我的小手洗干净。

作者：范月霓

张震雪

儿歌

洗手歌（一）

小朋友，要牢记，
饭前便后要洗手。
洗手液，挤一滴，
搓搓泡泡转转手。
小水滴，是朋友，
细菌病毒都冲走。

作者：赵　晴

陈　萌

儿歌

洗手歌（二）

小朋友，来洗手，

洗前先卷小袖口。

水龙头，冲湿手，

小小香皂搓搓手，

最后清水冲冲手。

一二三，甩三下，

小毛巾，擦干手。

作者：康思凡

（三）擦手

儿歌

小手擦干净

小小毛巾打开放，

我的小手放中央。

手心手背要擦上，

手腕千万不要忘。

小手香，小手棒，

小小毛巾挂钩放。

作者：张婧雯

康梦琦

儿歌

擦手

小毛巾，手中拿，

擦手心，擦手背。

小手腕，别落下。

擦左手,擦右手。
毛巾用完送回家,
小手擦干乐开花!

作者:郭 添

儿歌

我会擦手

小水珠,甩干净,
小毛巾,来帮忙。
擦手心,擦手背,
手腕也要擦一擦。
我的小手擦干净。

作者:禹艳新
　　　邱婷婷

第三节　进餐环节

一、进餐环节概述

进餐是幼儿园一日生活中十分重要的生活环节之一。我园每日为幼儿准备"三餐两点",包括早餐、午餐、晚餐、上午加餐、下午水果,三餐间隔约为3.5小时。伴随安静、舒缓的进餐音乐,幼儿自主使用餐具进餐,进餐时干稀搭配,幼儿如需添加饭菜可举手示意老师。

幼儿园保健部门根据幼儿生长发育要素合理搭配肉、蛋、奶、谷物、水果等食品,力求幼儿在园获得最合理的科学膳食搭配,全面丰富摄取营养。教师在组织幼儿进餐时会向幼儿介绍每种食物的营养价值,通过故事、儿歌、游戏、奖励等形式逐步帮助幼儿养成良好的进餐习惯。为了培养幼儿的良好进餐习惯,教师还创编了儿歌等资源,家长可以和幼儿一起欣赏并模仿学习。

二、进餐环节关键要素及要求

环节	关键要素	能力准备	家长建议	资源支持
进餐	进餐	☆能坐姿端正,正确使用勺子进餐。 ☆不挑食、偏食,喜欢吃瓜果蔬菜等新鲜食品。	☆提示幼儿专注进餐,不边吃边玩。 ☆家庭餐食营养均衡、荤素搭配。	1.儿歌《进餐歌》(一) 2.儿歌《我爱吃饭》 3.儿歌《进餐歌》(二)

续表

环节	关键要素	能力准备	家长建议	资源支持
进餐	擦嘴	☆掌握正确的擦嘴方法。 ☆餐后用纸巾擦嘴。	☆指导幼儿把嘴擦干净。	1.儿歌《擦嘴》 2.儿歌《擦嘴歌》 3.儿歌《我来擦嘴巴》
	漱口	☆养成早晚刷牙、餐后漱口的习惯。	☆指导幼儿学会正确的刷牙漱口方法。	1.儿歌《漱口歌》（一） 2.儿歌《漱口歌》（二） 3.儿歌《漱口》

三、进餐环节要素及资源

（一）进餐

儿歌

进餐歌（一）

一口饭，一口菜。

不挑食，不剩饭。

自己吃饭真能干！

作者：杨　淼

王晓雪

儿歌

我爱吃饭

我学小兔爱吃菜，

我学小猫爱吃鱼。

不挑食，不剩饭。

啊呜啊呜吃得香。

作者：刘晓艺

孙　玮

儿歌

进餐歌（二）

进餐前，手洗净，

干干净净不生病。

小胸脯，贴桌子

脚并齐，身坐正。

小勺子，手中拿，

拇指食指变手枪，

轻轻捏住勺子柄。

饭菜搭配吃得香。

作者：王晨红

（二）擦嘴

儿歌

擦嘴

小小纸巾手中拿，

饭后擦擦小嘴巴。

一次擦完对折下，

二次擦完变小啦。

三次擦完揉成球，

快快把它送回家。

嘴巴擦得真干净，

我的本领可真大！

作者：靳晓雪

王启佳

儿歌

擦嘴歌

双手拿出小纸巾,
快来亲亲小嘴巴。
擦擦折,擦擦折,
小嘴干净笑哈哈。
纸巾团成小纸球,
快快扔进垃圾桶。

作者:杨慧颖

儿歌

我来擦嘴巴

小纸巾,手中拿,
我用手来托住它,
擦三下,折三下,
最后揉成小纸球,
把它扔进垃圾桶。

作者:王　梓
　　　张宇萌

(三)漱口

儿歌

漱口歌(一)

小小牙齿本领大,
饭后漱口保护它。
　咕噜咕噜吐,
　咕噜咕噜吐,
　咕噜咕噜漱三下。

爱护牙齿我最棒。

作者：杨思雨

儿歌

漱口歌（二）

小水杯，手中拿，
跟我一起漱口吧，
嘴巴喝口清清水。
弯弯腰，低低头，
嘴巴对准小洞洞，
咕噜咕噜漱三下。

作者：杨　彤
　　　霍秋莹

儿歌

漱口

喝口杯中清清水，
咕嘟咕嘟吐出水。
三餐饭后要漱口，
我是健康小宝贝。

作者：赵　璐
　　　吴佳羲

第四节　饮水环节

一、饮水环节概述

此环节是幼儿园一日生活中的饮水活动，会多次出现在一日生活中。包含了取杯、饮水、送杯三个关键要素的能力习惯准备。

饮水对幼儿的身体健康发展有着重要的意义，是满足幼儿生理需求的基本行为，能够帮助幼儿避免因身体缺水造成的上火等不适，影响幼儿情绪，抵抗力下降。

为了帮助幼儿建立良好的饮水习惯，家长可引导幼儿养成定时饮水的习惯，如每隔一小时或在活动前、后鼓励幼儿饮水；同时，引导幼儿随渴随喝，有饮水需求时主动表达。幼儿即将上幼儿园，为了与幼儿园做好衔接，家长可以鼓励锻炼幼儿使用敞口水杯自主喝水，帮助幼儿养成爱喝白开水的习惯。

在此，老师精心编写了诗歌，供家长和幼儿学习欣赏，在轻松愉悦的氛围中萌发良好的生活习惯意识。

二、饮水环节关键要素及要求

环节	关键要素	能力准备	家长建议	资源支持
饮水	取杯	☆知道从固定位置取水杯喝水。	☆水杯放在固定位置。	1.儿歌《取水杯》（一） 2.儿歌《取水杯》（二）

续表

环节	关键要素	能力准备	家长建议	资源支持
饮水	饮水	☆喜欢喝白开水，在成人帮助下能够自己饮水、不洒水。	☆鼓励幼儿多喝白开水。	1.儿歌《我们一起来喝水》 2.儿歌《喝水歌》 3.儿歌《喝水》
	送杯	☆喝完水后，能将水杯送回原处。	☆指导幼儿将水杯送回固定位置。	1.儿歌《小水杯找家》 2.儿歌《送水杯》

三、饮水环节要素及资源

（一）取杯

儿歌

取水杯（一）

水杯水杯手中拿，

小手握住水杯把。

排好队，来接水，

咕咚咕咚喝掉它。

不爱生病笑哈哈。

作者：马冰夷
于　瑾

儿歌

取水杯（二）

小小水杯真可爱，

圆圆肚皮小耳朵。

一手握住小耳朵，

一手捂住小肚皮。

两只小手拿水杯，

咕咚咕咚多喝水。

　　　　　　　　　　　　　作者：王金旭
　　　　　　　　　　　　　　　　崔　姗

（二）饮水

儿歌

我们一起来喝水

小水杯，手中拿
小朋友们来喝水。
一手攥住小耳朵，
一手抱住水杯肚。
开龙头，接杯水。
咕咚咕咚不浪费。

　　　　　　　　　　　　　作者：刘　彤
　　　　　　　　　　　　　　　　赵　婕

儿歌

喝水歌

拿好小水杯，
接杯清清水。
咕咚大口喝，
站稳不洒水。
多喝白开水，
健康好宝贝。

　　　　　　　　　　　　　作者：闫　乐

儿歌

喝水

摸摸我的小肚皮，

藏着健康小水滴。

自己接水真能干，

不多不洒不浪费。

宝宝爱喝白开水。

多喝白水身体棒。

作者：张鑫玥

（三）送杯

儿歌

小水杯找家

小小水杯手中拿，

用完把它送回家。

它的小家在哪里，

找对标记送到家。

作者：高　瑜

刘裕诗

儿歌

送水杯

小水杯，排排放，

轻轻放在格子上。

看清位置和标记，

放回原处要注意，

水杯回家真高兴。

作者：汪雨晨

第五节 游戏环节

一、游戏环节概述

游戏时间是幼儿最喜欢、最快乐的时光，也是幼儿最主要的学习方式和基本生活方式之一。游戏环节蕴含很多幼儿发展价值，为了培养幼儿良好的游戏习惯，我们提取了幼儿游戏中的三个关键要素，包括拿取、操作和收整。

拿取环节主要引导幼儿养成玩玩具时轻拿轻放，每次只取一种玩具玩的习惯；操作环节要引导幼儿在游戏过程中建立爱护玩具、图书，轻拿轻放的习惯；收整环节要引导幼儿游戏后能将玩具、图书、用品主动放回指定位置的好习惯。

因为在游戏过程中，幼儿一直处于比较兴奋状态，在还没有建立良好的游戏常规之前，经常出现乱扔乱放玩具、不能主动收整的现象，在与同伴共同游戏中容易出现争抢、损坏玩具的现象。因此需要家长、老师和幼儿一起建立游戏规则，养成良好的游戏常规。

为培养幼儿良好的游戏常规，教师精心设计了游戏环节的儿歌，家长在日常生活中可以配合朗朗上口的儿歌帮助幼儿建立良好游戏习惯。

二、游戏环节关键要素及要求

环节	关键要素	能力准备	家长建议	资源支持
游戏	拿取	☆知道每次取一种玩具玩。	☆指导幼儿每次取一种玩具玩。	儿歌《玩具好朋友》

续表

环节	关键要素	能力准备	家长建议	资源支持
游戏	操作	☆在游戏过程中爱护玩具、图书，轻拿轻放。	☆指导幼儿爱护玩具、图书，不扔玩具、不撕书。	儿歌《我会玩玩具》
	收整	☆能将玩具、图书、用品主动放回指定位置。	☆为幼儿提供玩具收纳箱，鼓励幼儿自己收放。 ☆玩具固定位置收放。	1.儿歌《我会收玩具》 2.儿歌《玩具宝宝回家》

三、游戏环节要素及资源

（一）拿取

儿歌

玩具好朋友

幼儿园里玩具多，
我和玩具做朋友。
轻拿轻放不争抢，
玩具宝宝笑呵呵。

作者：廖伊然

武雨薇

（二）操作

儿歌

我会玩玩具

幼儿园里真热闹，
好玩玩具真不少。
轻轻拿，轻轻放，
爱护玩具好宝宝。
爱动手，爱动脑，

拼拼摆摆本领高。
小朋友们有礼貌，
快乐游戏乐陶陶。

作者：赵梓璇
　　　李　晴

（三）收整

儿歌

我会收玩具

洋娃娃，要回家，
我们一起来帮它。
小积木，要回家，
看清标志送到家。
小玩具，找到家，
开开心心笑哈哈。

作者：史思雨
　　　王思晨

儿歌

玩具宝宝回家

玩具宝宝要回家，
我们一起收拾它。
按照标记收放好，
全部把它送回家。
玩具玩具回到家，
夸我能干顶呱呱。

作者：刘思洋

第六节　午睡环节

一、午睡环节概述

午睡是幼儿园生活活动的重要环节之一,同时也是日常生活中每天都要经历的环节,午睡环节主要分为脱衣、上床、入睡三个环节。

根据小班幼儿的年龄特点,充足的午睡对于幼儿的生理、心理都有极大益处。第一,午睡有助于恢复幼儿身体机能。幼儿睡眠时,身体各部位和脑神经系统都在休息有助于补充精力,缓解疲劳,为下午的活动提供充足能量;第二,午睡有助于促进身体发育。幼儿睡眠时,内分泌系统释放的生长激素比平时增加3倍,睡眠质量的好坏直接影响幼儿的生长发育和学习情况。

在日常生活中,家长可以通过安排充足的体育锻炼、营造舒适温馨的睡眠环境、利用讲睡眠故事等技巧引导幼儿睡觉,帮助幼儿逐步养成良好的睡眠习惯。

二、午睡环节关键要素及要求

环节	关键要素	能力准备	家长建议	资源支持
睡觉	脱衣	☆在成人帮助下能自己脱衣服和鞋袜。	☆鼓励幼儿自己的事情自己做。 ☆为幼儿提供穿脱方便的衣服。	1.儿歌《我会脱上衣》 2.儿歌《小手真能干》 3.儿歌《我会脱裤子》

续表

环节	关键要素	能力准备	家长建议	资源支持
睡觉	上床	☆在成人帮助下保持正确睡姿，盖好被子。	☆指导幼儿盖好被子保持正确睡姿。	1.儿歌《午睡》 2.儿歌《小猫睡觉》
	入睡	☆在成人提醒下按时睡觉，并能坚持午睡。	☆创设温馨舒适的睡眠环境，鼓励幼儿自己入睡。	1.儿歌《入睡我最棒》 2.儿歌《宝宝快快睡》

三、午睡环节要素及资源

（一）脱衣

儿歌

我会脱上衣

小宝宝，伸出手，
抓住袖口缩胳膊。
左胳膊，右胳膊。
提起领子露出头，
宝宝衣服脱好了。

作者：曹　宁
　　　胡紫依

儿歌

小手真能干

小朋友，脱衣服，
拉链扣子要解好，
双手互助拽袖口，
自己脱衣本领大。

作者：曹　宁
　　　胡紫依

儿歌

我会脱裤子

小手抓住小裤腰，

双手脱到小脚处。

小手轻轻拉裤脚，

慢慢把它拽下来，

最后别忘整理好。

作者：曹　宁

胡紫依

（二）上床

儿歌

午睡

小宝宝，钻山洞，

身体躺好手放平。

被子两侧都盖好，

安安静静睡午觉。

下午醒来精神好！

作者：窦炳聪

葛梦醒

儿歌

小猫睡觉

小花猫，要睡觉，

上小床，静悄悄。

不说话，不吵闹，

闭上眼睛睡得香！

人人夸我好宝宝。

作者：孟德苹

　　　李　朔

（三）入睡

儿歌

入睡我最棒

小朋友，要睡觉，
看清标志找小床。
小手掀起小被角，
盖上被子快躺好。
小眼睛，快闭上，
幸福甜蜜入梦乡。

作者：邢金运

　　　王文柳

儿歌

宝宝快快睡

房间里，静悄悄，
宝宝快来睡午觉。
掀被角，钻被窝，
我的被子真暖和。
不踢被，不趴睡，
闭上眼睛快快睡。
睡醒觉，精神好，
我是健康好宝宝。

作者：鲁　琳

　　　刘　琳

第七节　起床环节

一、起床环节概述

起床主要分为起床、穿衣、整理三个环节，通过三个环节培养幼儿良好的生活自理能力和行为习惯。

起床环节主要培养幼儿在成人引导下按时起床、自己穿衣、整理的好习惯，能够保持情绪稳定；穿衣环节主要培养幼儿小肌肉精细动作及配合能力，让幼儿学习如何正确穿衣；整理环节主要培养幼儿学会如何整理衣裤等能力。

在日常生活中，建议家长选择较为宽松、简单的衣服。给予幼儿练习的机会，培养幼儿自信心，减少包办代替，采取游戏的方式让幼儿更愿意配合。例如让幼儿从叠小毛巾、小袜子开始，再过渡到叠小外衣、外裤等，边鼓励边引导幼儿叠衣服。

二、起床环节关键要素及要求

环节	关键要素	能力准备	家长建议	资源支持
起床	起床	☆在成人唤醒下起床，情绪稳定。	☆为幼儿创设起床环境，轻轻唤醒幼儿。	1.儿歌《快乐起床》 2.儿歌《起床歌》（一） 3.儿歌《起床歌》（二）

续表

环节	关键要素	能力准备	家长建议	资源支持
起床	穿衣	☆在成人帮助下能正确地穿衣服和鞋袜。	☆鼓励幼儿自己的事情自己做。 ☆为幼儿提供穿脱方便的衣服。	1.儿歌《我会穿外衣》 2.儿歌《穿裤子》 3.儿歌《钻山洞》 4.儿歌《穿衣服》 5.儿歌《小拉链做游戏》 6.儿歌《穿鞋》
	整理	☆在成人帮助下学会整理衣服。	☆指导幼儿将衣裤调整平整。	儿歌《整理衣服我最棒》

三、起床环节要素及资源

（一）起床

儿歌

快乐起床

小朋友，快起床，

睁开眼，坐坐好，

站起来，伸伸腰，

一二三，四五六，

我们一起去穿衣。

作者：张天宇

儿歌

起床歌（一）

小朋友们快起床，

睁开眼睛眯眯笑。

张开双手来拥抱，

做个健康乖宝宝。

作者：马晓曼

张天宇

儿歌

起床歌（二）

小闹钟丁零零，

小朋友快起床，

小衣服要穿好，

我是能干的乖宝宝。

作者：马晓曼

张天宇

（二）穿衣

儿歌

我会穿外衣

小手抓住小衣领，

低头看看小洞洞，

轻轻向后盖房子，

小手钻进小洞洞。

作者：李 京

儿歌

穿裤子

小花裤，真美丽，

先来找找小标记，

分清前后看仔细。

一左一右穿进去，

抓紧裤腰向上提。

作者：李 京

第二章　实践篇

儿歌

钻山洞

宝宝来玩钻山洞，
抓住大口钻洞洞，
脑袋钻出大山洞，
小手钻出小山洞。

作者：李　京

儿歌

穿衣服

抓领子，盖房子，
两只小手钻洞洞。
左钻钻，右钻钻。
小火车，上轨道，
呜噜呜噜开走了。

作者：刘锦湘
　　　郝娇娇

儿歌

小拉链做游戏

小拉链，真有趣。
就像小孩坐电梯。
小孩走进电梯里，
两扇大门要关闭。
一手向上拉拉链，
一手捏紧小电梯。
沿着轨道向上升，
慢慢爬到楼顶上。

作者：李　京

儿歌

穿鞋

小鞋是对好朋友，

见面互相点点头，

打开粘扣拉鞋舌，

小脚钻进小鞋洞。

蹬一蹬，提一提，

咔嚓粘紧小粘扣。

作者：李　京

（三）整理

儿歌

整理衣服我最棒

保护身体不生病，

衣服整理很重要。

上衣盖住小肚皮，

把它塞进裤子里。

自己的事情自己做！

老师夸我好宝宝！

作者：张鑫蕊

李禹霏

第八节　户外活动环节

一、户外活动环节概述

户外活动是幼儿园一日生活中的重要环节，在这里我们指的是幼儿的户外游戏。幼儿经常参与户外活动有助于丰富对外界的互动体验，满足幼儿身体对阳光的摄取，增强身体机能，提高免疫力。

户外活动主要分为准备、锻炼、收整三个部分。准备部分是指活动前的热身环节，重点活动关节和肌肉，避免运动损伤。锻炼部分是指游戏环节，其中包含集体游戏和分散游戏。根据幼儿年龄特点及发展需要，开展趣味性游戏，包含走、跑、跳、投、钻爬、攀登等多种身体素质锻炼，内容可以变换不同形式、动静交替，从易到难，并做好安全护理提示，渗透安全自护的意识。收整部分是指游戏后引导幼儿主动将玩具收整，放到指定位置。

建议家长每日按时带幼儿到户外进行活动，保证每日户外活动时间不少于两小时。活动前提示幼儿穿好适宜的服装和鞋，活动中可以通过说儿歌与幼儿一起先做热身准备，活动后进行材料的收整，培养幼儿良好的户外活动习惯。

二、户外活动环节关键要素及要求

环节	关键要素	能力准备	家长建议	资源支持
户外活动	准备	☆在成人指导下完成如厕、穿外套等外出准备。	☆指导幼儿做好外出准备，鼓励幼儿自己的事情自己做。	儿歌《运动准备歌》
	锻炼	☆愿意参加户外锻炼，在成人提示下不做危险的事情。	☆保证幼儿的户外活动时间，每日户外时间不少于2小时。☆保证幼儿的户外活动安全。	儿歌《小跳蛙》
	收整	☆在成人帮助下情绪愉快地做好物品收整。	☆指导幼儿情绪愉快地结束游戏。☆指导幼儿做好物品整理。	儿歌《玩具收整齐》

三、户外活动环节要素及资源

（一）准备

儿歌

运动准备歌

小朋友，准备好，

我们一起出发了。

运动服，整理好，

运动鞋，要穿好，

运动安全最重要。

伸伸胳膊踢踢腿，

动动肩膀弯弯腰，

我是健康好宝宝。

　　　　　　　　　　　　　　　　　　作者：郭祎然
　　　　　　　　　　　　　　　　　　　　　郑凯丽

（二）锻炼儿歌

小跳蛙

绿叶下面有只蛙，
跳起落下呱呱呱。
两腿一蹬高高跳，
落地轻盈又灵巧，
身体强壮顶呱呱。

　　　　　　　　　　　　　　　　　　作者：周　浩
　　　　　　　　　　　　　　　　　　　　　刘莉莉

（三）收整儿歌

玩具收整齐

户外游戏真有趣，
玩具陪我做游戏。
小小玩具都有家，
玩具回家笑哈哈。

　　　　　　　　　　　　　　　　　　作者：温艳玲
　　　　　　　　　　　　　　　　　　　　　王　姝

第九节　离园环节

一、离园环节概述

晚离园是幼儿在园一日活动的最后一个环节，也是让幼儿身心放松进行整理的环节。在此环节中，幼儿有轻松愉悦的内心体验、自由自主的活动状态和留恋幼儿园生活的美好情感。不同幼儿离园环节的表现和需求有其不同特点，教师需利用多种活动形式，在稳定幼儿情绪的同时，把握随机教育契机，有重点地实施教育，促进幼儿良好习惯的养成。

有序离园不仅是日常教学的一部分，更是培养幼儿良好习惯、提高自理能力、促进社会交往能力和增强安全意识的重要环节。通过有序离园，不仅能培养幼儿养成良好生活习惯，还能促进其社会性发展。

在离园环节中有三个关键发展要素，包括排队、点名、离园。排队环节可以增强幼儿的规则意识；点名环节培养幼儿的自我认知；离园环节提高幼儿专注听指令的能力。通过此板块内容的呈现，家长能够清楚了解到幼儿离园环节的大致安排，以及幼儿在此环节需要具备的基本能力。针对幼儿良好习惯与能力的培养，教师创编了儿歌，希望家长在日常生活中和幼儿一起学习并引导幼儿养成好习惯。

二、离园环节关键要素及要求

环节	关键要素	能力准备	家长建议	资源支持
离园	排队	☆能手扶扶手、双脚灵活交替地上下楼梯。 ☆在成人指导下安静排队站好。	☆为幼儿提供独立上下楼梯的机会,鼓励幼儿自己走。 ☆指导幼儿会排队自然站好。	1.儿歌《排队回家》 2.儿歌《小汽车排队》 3.儿歌《离园排队歌》
	点名	☆知道自己的姓名,能在听到呼唤自己的名字后做出反应。	☆在家称呼幼儿学名,如"张小明"。	儿歌《离园歌》
	离园	☆听到教师呼唤名字后走出队伍。	☆指导幼儿会说"老师再见",礼貌离园。	儿歌《离园歌》

三、离园环节要素及资源

(一)排队

儿歌

排队回家

小朋友,排队走,

"一二一二"队伍齐。

小手臂,前后摆,

小脚丫,踏起来,

高高兴兴回家喽。

作者:晁 玥

儿歌

小汽车排队

小车灯,快打开,

小喇叭,请关上。

不推不挤不着急，
一个跟着一个走。

作者：杨　檬

刘心慧

儿歌

离园排队歌

离园准备要做到，
先穿外套后戴帽。
你排在前我排后，
安静下楼我等候。

作者：许　璐

(二) 点名

儿歌

离园歌

小火车，静悄悄，
小车厢，快站好。
听到名字不乱跑，
老师再见有礼貌。

作者：于　冰

梁　爽

(三) 离园

儿歌

离园歌

离园前，准备好，
接送卡，别忘掉，
自己物品要拿好。

离园时，要听好，
叫名字，不乱跑，
主动再见有礼貌，
明天还要早早到。

作者：马芊芊
　　　白宇晴

第三章 创新篇

幼儿园调研需求增设内容

2023年12月底,我园对《新生入园家长指导手册》(第一版)使用情况和小班幼儿发展情况进行了调研,共发放调查问卷272份,收回272份,通过对调查问卷的数据分析,我园100%的家长、教师认为发放《新生入园家长指导手册》(第一版)非常有必要。共收到家长教师肯定意见36条,内容大致包括:手册内容丰富、全面,能够方便快捷地让家长了解幼儿园的学习目标及管理方式;对家长更好地掌握幼儿入园过程很有帮助,能够具体帮助家长在幼儿进入幼儿园学习生活时进行有效、及时及细致的指导,使幼儿及家长在进入新的阶段时不再迷茫无助,知道如何正确引导幼儿的常规,让家长知道幼儿在园情况,非常实用。

同时,结合幼儿发展需要和手册内容,家长和教师也提出了许多中肯建议,共收集家长、教师建议74条,其中包括对丰富手册内容的建议38条,在使用方面的建议19条,其他方面意见17条。结合数据汇总内容,为弥补第一版手册一日环节涵盖范围的不足,结合家长、教师培育需求增补了思想品德、情绪情感、体育锻炼、营养饮食、穿衣指南、疾病预防、生活护理、卫生习惯、安全常识等方面的内容,来满足幼儿园、家庭、社会一体化育儿需求。

第一节　思想品德

一、思想品德概述

幼儿期是进行德育教育的最佳时期，适时适度的德育教育将为幼儿形成、发展、巩固良好品德奠定基础。因此，思想品德教育是幼儿园社会性教育的重要方面，在幼儿日常生活中渗透品德教育，对塑造幼儿健全人格和培养良好行为习惯具有深远的现实意义。

幼儿园在前期利用问卷的形式了解到家长对入园前幼儿学习与发展的需求，针对数据分析，家长对幼儿的德育特别关注。为了更好地培养幼儿思想品德，结合《3—6岁儿童学习与发展指南》以及幼儿发展目标，增设此板块。包括爱的教育、讲究礼貌、交往技巧三个部分内容，并为家长提供游戏化的教育方法和温馨提示。

在爱的教育中，激发幼儿爱自己、爱家人、爱老师、爱同伴的情感；讲究礼貌中，引导幼儿学习礼貌用语，知道尊重他人；交往技巧中，鼓励幼儿正确、自信地与他人交往，促进其社会性发展。家庭教育是幼儿成长的重要力量，家长能够通过此板块了解思想品德教育对幼儿发展的重要意义，并尝试在生活中通过游戏培养幼儿良好的思想品德，为幼儿未来的发展奠定坚实基础。

二、思想品德关键要素及资源

（一）爱的教育
儿歌

我爱我的家

我爱我的家，
家里有爸妈，
还有爷爷和奶奶，
陪伴我长大。
我爱我的家，
温暖围绕它。
大家都爱我，
我也爱大家。

作者：李艳红
刘晓艺

诗歌

国旗我爱你

国旗国旗红艳艳，
五颗星星金灿灿，
飘扬蓝蓝天空上，
我愿变成小白鸽，
飞到天空亲亲你。

作者：李艳红
刘晓艺

儿歌

我们都是好朋友

我的名字叫小红，

你的名字叫小黄，

他的名字叫小蓝，

我们都是好朋友，

快快乐乐做游戏。

作者：李艳红

刘晓艺

（二）讲究礼貌

儿歌

讲文明懂礼貌

小朋友，懂礼貌，

见到长辈要问好。

弯腰鞠躬微微笑，

做个懂事的乖宝宝。

作者：陈 曦

（三）交往技巧

幼儿交往技巧三部曲

幼儿刚刚步入幼儿园，相当于进入了一个全新的小社会，面对全新的环境，幼儿交往变得至关重要。请家长结合简单有效的幼儿园交往技巧，帮助幼儿建立自信、友善、主动解决问题的良好习惯，为幼儿的社会发展奠定基础。

1. 培养自信心

幼儿需要相信自己的能力，请您适时肯定、鼓励幼儿，并提供适当的挑战，以增强幼儿自信心；当交往遇到困难时，安慰幼儿不要伤心，可以尝试邀请其他小朋友一起玩。

2.友善待人

引导幼儿学会使用礼貌用语，得到帮助时知道表达感恩、感谢，请家长以身作则，尊重包容他人，幼儿才会像父母一样礼貌待人。

3.学会求助

引导幼儿学会寻求帮助和解决问题。遇到困难时，告诉幼儿可以寻求老师或他人的帮助，不一定是独自面对。

作为父母，家长要不断鼓励和引导幼儿，通过角色扮演、情景模拟与他们互动，帮助幼儿更好地理解和应用，让他们在幼儿园中自信、友善、安全地交往。

附：自编儿歌

争做文明好幼儿

幼儿园里玩具多，

玩偶娃娃小汽车，

你拿一个我一个，

互相分享欢乐多。

中途需要换玩具，

礼貌用语说一说，

做个文明好宝宝，

友好交往最快乐。

作者：马晓曼

孙　玮

第二节　情绪情感

一、情绪情感概述

情绪情感是指人对客观事物是否满足自身物质和精神需要而产生的态度体验。它是人对客观事物要求的反映，包括喜、怒、哀、乐、爱、憎、惧等。一般来说，凡是符合并满足自己需要的，会使人产生积极、肯定的情绪，反之则会产生消极、否定的情绪。

3—4岁幼儿大脑皮层易兴奋，注意力易转移，行为容易受情绪的影响。新入园的幼儿哭闹、情绪不稳定是普遍存在的现象。因从小在父母、家人身边生活长大，突然要离开家人来到一个陌生的环境，与陌生人相处，必然会产生"分离焦虑"。为使幼儿形成积极的情绪情感，促进身心健康，帮助其尽快适应幼儿园的集体生活，顺利度过焦虑期，需要家园携手，共同对幼儿情绪情感进行精心细致的观察、培养与疏导。

情绪情感板块共包含以下三个要素：情绪稳定、哭闹缓解及情绪表达。在情绪稳定要素中，我们要为幼儿营造温暖、轻松的心理环境，让幼儿形成安全感和信赖感。以积极、愉快的情绪影响幼儿，使其保持良好的情绪状态。在哭闹缓解要素中，我们要允许幼儿表达自己的情绪，并引导幼儿学会调控情绪。当幼儿出现比较强烈的情绪反应时，能在成人的安抚下逐渐平静下来。在情绪表达要素中，帮助幼儿学会表达情绪。成人为幼儿做出榜样，与幼儿分享情绪感受，鼓励幼儿表达情绪感受。发现幼儿情绪变化，主动询问，帮助其化解消极情绪。

二、情绪情感要素及资源

（一）情绪稳定

儿歌

爱上幼儿园

幼儿园，欢乐多，

小朋友们来游戏。

看图书，玩玩具，

一起游戏真有趣。

老师爱我像家人，

幼儿园是我的家。

作者：刘佳晨

于 冰

儿歌

来园歌

小书包，肩上背，

我要去上幼儿园。

我不哭，我不闹，

老师，老师，早上好。

作者：刘佳晨

于 冰

（二）哭闹缓解

温馨提示　稳定幼儿情绪的方法

稳定的情绪对幼儿的全面发展至关重要。情绪稳定可以让幼儿保持积极乐观的态度。在幼儿阶段，情绪管理是一个需要学习的技能，因为幼儿的情绪起伏不定，容易受到外界环境的影响。因此，培养幼儿的稳定情绪既能帮助他们更好地适应周围世界，也能更好地应对挫折和困难，有助于促进幼儿智力和社会交往能力的发展。

下面为您提供一些稳定幼儿情绪的方法，供家长参考：

1.理解幼儿情绪。能够及时发现幼儿的情绪变化，并尝试理解为什么感到不安或兴奋，通过观察和询问来了解幼儿的感受。

2.提供情感支持。当幼儿遇到困难或者感到不舒服时，可以通过亲切的安慰和支持来帮助幼儿缓解压力。例如，一个拥抱、一句温柔的话语，或者是与幼儿共享的安静时刻。

3.鼓励表达情绪。幼儿能够正确表达情绪是很重要的。家长可以借助儿歌、绘本故事、歌曲等，引导幼儿用合理的方式表达与宣泄自己的情绪，这样可以避免幼儿在内心压抑情绪，导致更大的问题。

4.家长以身作则。家长每日陪伴幼儿，对幼儿的成长与发展起着潜移默化的作用，且3—4岁幼儿喜欢模仿，所以家长应展现出积极的情绪状态，并用恰当的方式来处理自己的情绪。这样做的目的是给幼儿树立一个好榜样。

5.情绪引导教育。在日常生活中融入情绪教育可以帮助幼儿更好地识别和理解自己的情绪。如通过绘本故事、音乐、绘画等方式，引导幼儿感受到不同情绪的存在，并学习如何应对这些情绪。

6.家园合作共育。入园后，家长与教师保持良好的沟通和协作对幼儿的情绪管理同样有益，家长可以在家中继续帮助幼儿练习情绪表达和管理。

幼儿即将进入幼儿园生活，在生活中当幼儿出现情绪波动时，家长可以根据不同情况，利用适宜的方法疏解幼儿情绪，家长可以参考以下做法：

1.入园焦虑情绪波动：家长可以利用绘本故事、儿歌等形式为幼儿讲述幼儿园的有趣，激发幼儿对幼儿园的向往。入园后家长可以结合幼儿兴趣需要，与幼儿每天有个小约定，激发幼儿入园兴趣，同时坚持送幼儿入园。

2.无理取闹情绪波动：家长可以对幼儿做适时的冷处理，为幼儿提供宣泄情绪的时间与空间，家中长辈一定要统一观念，避免出现教育不一致，会加剧幼儿此情绪的发生及反复。待幼儿情绪平稳后再进行沟通，了解幼儿想法。

3.遇到挫折情绪波动：家长一定要与幼儿共情，接纳幼儿情绪，并表达"知道宝贝现在遇到了困难，没关系，妈妈会和你一起想办法"，利用共情安抚幼儿情绪，待幼儿情绪平稳后，引导幼儿学习正确适宜的处理方法，提高幼儿解决问题的能力，同时鼓励幼儿尝试克服挫折，成功后及时给予肯定和鼓励。

4.未达心愿情绪波动：家长首先要接纳理解幼儿情绪，与幼儿共情，其次一定要坚持原则，不能因幼儿哭闹随意妥协，家中所有长辈都应统一思想，让幼儿知道发脾气是没有用的。待幼儿情绪平稳后，再与幼儿进行沟通。

要有效地缓解幼儿情绪，需要从多个角度出发，包括营造良好生活环境、提供情感支持、鼓励情绪表达等。家长朋友们，请接纳、包容、理解并做好幼儿的情绪疏导，让我们一起为幼儿的健康成长助力！

作者：刘佳晨

（三）情绪表达

儿歌

情绪歌

我高兴，我大笑，

我难过，我哭泣，

我生气，我皱眉，

有了情绪不吵闹，

开心快乐好宝宝。

作者：许　璐

第三节 体育锻炼

一、体育锻炼概述

体育锻炼是促进幼儿健康发展的重要途径，经常参加体育锻炼对幼儿大肌肉动作发展、环境的适应、身心的健康发展具有促进作用。家长要树立正确的健康观念，尊重幼儿生长发育规律，以培养幼儿对体育活动的兴趣为主要目标，引导幼儿经常参加体育锻炼。

建立科学的锻炼常规，用适宜的方式提高幼儿的身体素质和动作的协调性、灵活性，培养幼儿坚强、勇敢、不怕困难的意志品质和主动、乐观、合作的态度，助力构建和谐健康的亲子关系。

家长可以利用每日亲子时光，依托社区等社会场地资源，引导幼儿积极参与体育锻炼。可以开展亲子游戏、走跑跳投、操舞律动等多种形式的锻炼，帮助幼儿养成良好的运动习惯。在这一过程中注意幼儿体态，帮助幼儿形成正确的运动姿势。如：提示幼儿保持正确的站姿、走姿、跑步姿势，运动前后进行热身、放松运动，可以通过活动手腕、脚腕、膝盖和腰部拉伸等将身体打开，防止肌肉拉伤，确保运动安全。

二、体育锻炼要素及资源

（一）亲子游戏

游戏名称：小朋友搭高楼

游戏目标：

1.练习双脚连续向前跳，发展腿部力量。

2.鼓励幼儿坚持完成游戏，在游戏中培养乐于挑战的品质。

3.通过与家人一起游戏，感受亲子游戏的快乐。

游戏准备：

场地准备：宽阔安全的室内活动场地

材料准备：卷纸（或其他可叠高物品）

游戏步骤：

1.在游戏场地设置起点和终点，起点处摆放好卷纸（或其他可叠高物品）。

2.游戏时，幼儿将卷纸（或其他可叠高物品）夹在双脚脚踝之间，连续跳至终点处，将卷纸（或其他可叠高物品）立好。

3.幼儿双脚并拢跳回起点，重复步骤2，用双脚脚踝夹、运卷纸（或其他可叠高物品），至终点处将游戏材料叠高。

4.重复步骤2、3，鼓励幼儿尽量垒高，直至游戏材料用完。

5.游戏可反复进行。

家长指导建议：

1.游戏前，家长要为幼儿准备安全、宽敞的游戏场地。

2.游戏时幼儿夹物跳时速度不宜过快，保持游戏材料不掉落即可，主要锻炼幼儿双脚连续跳的能力。（如幼儿不能完成夹物向前跳的动作则可以降低难度，手持材料，双脚行进跳即可，幼儿熟练后逐渐提升难度。）

3.游戏后家长可指导幼儿一起收拾游戏材料，并进行腿部放松运动。

作者：闫　乐

（二）走跑跳投

游戏名称：小朋友去郊游

游戏目标：

1、感受亲子郊游的快乐，增进亲子之间的感情。

2、练习走、跑、跳、钻、投等基本动作，提升动作的灵敏性、协调性。

游戏准备：舒适方便的运动服，郊游、游戏所需要的物品

玩法：

在亲子郊游或户外游戏中，借助郊游环境边唱儿歌边引导幼儿做大肌肉动作，如遇到小石头，家长引导幼儿跳过石头；看见小山坡，引导幼儿跟随成人跑上去或爬上去……引导幼儿在大自然中边感受大自然的美好边感受游戏的快乐。

家长指导建议：

1.郊游前家长要为幼儿准备方便运动的服装、鞋子。

2.游戏中家长要观察周边环境，保证游戏运动的安全。

3.游戏后引导幼儿做一做身体放松动作，动静交替，劳逸结合。

附儿歌

小朋友去郊游，蹦蹦跳跳向前走，看见石头跳跳跳，跳跳跳；

小朋友去郊游，蹦蹦跳跳向前走，看见落叶捡起来，投投投；

小朋友去郊游，蹦蹦跳跳向前走，看见山坡跑跑跑，跑跑跑；

小朋友去郊游，蹦蹦跳跳向前走，看见小山爬爬爬，爬爬爬；

小朋友去郊游，蹦蹦跳跳向前走，看见山洞弯弯腰，钻钻钻；

作者：周　浩

刘莉莉

（三）操舞律动

韵律操

欢乐竹筷跳

嘿小脚，我们踏踏小脚（右手指小脚，左手叉腰，踏踏脚）。

嘿膝盖，我们拍拍膝盖（小手拍拍膝盖）。

嘿屁股，我们扭扭屁股（跳跃转身，双手叉腰，扭扭小屁股）。

嘿肩膀，我们抖抖肩膀（双手点肩，左右耸肩膀）。

和竹笼一起踏踏脚（踏踏小脚）。

和悠悠一起拍拍手（膝盖半蹲，左右拍手）。

和球球一起扭一扭（双手叉腰，扭扭小屁股）。

转起来（转圈跳，同时胳膊弯曲，小手转动手腕）。

啦啦啦啦啦，啦啦啦啦啦（身体左倾/右倾，双臂握拳抬至胸前转一转）。

啦啦啦啦啦啦啦啦（双脚打开，弯腰从右向左转一转）。

啦啦啦啦啦，啦啦啦啦啦（身体左倾/右倾，双臂握拳抬至胸前转一转）。

啦啦啦啦啦啦啦啦（双脚打开，弯腰从右向左转一转）。

作者：苏　博

王晓雪　杨　森

第四节　营养饮食

一、营养饮食概述

幼儿园营养饮食工作是幼儿园管理工作中的重要一环，科学的饮食管理可以有效提供幼儿生长发育所需要的营养，促进他们身体生长、智力发育，增强免疫力，减少疾病的滋生。

结合我园的饮食管理模式，现向家长详细介绍幼儿园食谱制定流程、制定要求、食材选择、加工制作，以及中国营养学会、妇幼营养分会为幼儿每日食谱营养摄入量提出的科学建议，以方便家长了解幼儿园的营养饮食制定原则。家长可以结合幼儿的日常进餐表现进行借鉴，合理搭配，制作科学的家庭膳食，家园协作培养幼儿形成良好的进餐习惯，助力幼儿健康成长。

教师结合幼儿进餐表现，创编了进餐儿歌，引导幼儿愉快进餐，养成良好的进餐习惯。

二、营养饮食要素及资源

（一）食谱介绍

儿童膳食管理

1.目的

加强我园幼儿膳食的科学管理，为幼儿提供合理的营养膳食，科学制定食谱，保证膳食平衡，促进幼儿健康成长。

2.管理模式

幼儿园营养膳食管理是幼儿园管理的重要组成部分，它既是幼儿健康成长的前提，又是幼儿可持续发展的重要保障。我园高度重视膳食管理工作，成立了园长全面负责、副园长主管、保健医监管、保教干部协管的管理团队。同时，有效运用"六统一"（统一管理、统一进货、统一带量、统一监测、统一分析、统一改进）和"六把关"（健康关、经费关、进货关、保管关、制作关、留样关）模式，始终秉承着为幼儿提供安全、科学、营养膳食的工作目标，每个环节都倾注着名苑后勤人员对于这份工作的执着与责任担当。

3.食谱形成全过程

（1）食谱构成

为满足幼儿的每日营养所需，目前我园为幼儿提供三餐两点服务，具体为三正餐、两加餐（加餐及午点）。

（2）食谱制定

①制定过程

每个月的月底，我园会定时召开伙食委员会，邀请园领导、保教干部、教师代表、厨师、财务人员、保健医、家长代表共同参与到会议讨论过程中。会议的议程主要包括对上月幼儿整体用餐情况的总结，还有对下月幼儿食谱进行讨论，并最终确定食谱。

②制定要求

A.专业系统

我园使用的是北京市托幼机构专用的食谱制定软件，通过童帮软件系统进行幼儿一日带量食谱的制定。在食谱制定过程中，系统会自动对幼儿一日摄入的碳水化合物、脂肪、蛋白质、奶制品等带量做出打分，来帮助保健医对食谱中的项目进行调整，以确保幼儿的一日营养所需。

B.食谱搭配

营养搭配上,我园会保证幼儿每日叶类蔬菜及蛋白质的摄入,满足幼儿每日营养需求。根茎类和叶类蔬菜相结合,北方菜和南方菜相结合,让幼儿尽可能摄入更多品种的蔬菜,保证营养均衡。

同时,我园会考虑每种菜品之间的色彩搭配,如红绿、深浅搭配,从视觉上给幼儿赏心悦目的感觉,从而提高幼儿的食欲。

C.保证应季食材

我园会根据季节的变化,动态调整幼儿食谱,保证一年四季的食谱不重样。

D.新鲜菜品的尝试

为了丰富幼儿食谱,使幼儿更加喜爱幼儿园的一日三餐,同时,形成具有我园特色的幼儿食谱,我园会定时组织厨房人员进行技术练兵,并请教师进行品尝,提出宝贵建议,最终整合成为我园独有的食谱。目前的特色餐食有大盘鸡、番茄小鱼丸、滑蛋虾仁等。这些食材的加入,也让幼儿对我园的食谱更加喜爱。

③食材加工制作

A.根据幼儿年龄特点加工制作

厨房师傅会根据各年级幼儿的年龄特点,对食材进行加工,方便幼儿食用。小班幼儿制作得更为精细一些,利于小班幼儿的咀嚼,同时方便幼儿使用勺子进餐;中大班的食材体积稍微大一些,便于用筷子夹住。

B.注重健康

在菜品的口味上,厨师十分用心,不断地潜心研究如何在少盐、少油的健康饮食前提下,把食材做得既健康又美味。健康制作始终是我园食堂制作的宗旨。

C.食材保温

由于幼儿年龄小,胃肠道消化能力较弱,易发生腹痛、腹泻等消化道症状。为避免以上情况的发生，我园会根据四季的气温变化，对食材进行保温或降温处理，以方便幼儿在食用的过程中，食物保持在最佳适宜温度。

为幼儿提供健康、安全、科学、美味的营养配餐，始终是我园每位后勤人员的工作目标。我园会为之进行不懈努力！

作者：吴 蕾

（二）营养介绍

学龄前儿童膳食营养小知识

学龄前儿童成长发育是一个复杂而关键的时期，特别是进入3岁以后的新阶段。在这个时期，幼儿处于快速的生长发育阶段，对营养的需求较大。虽然学龄前儿童的食物种类和膳食模式已接近成人，但消化功能尚未完全成熟，因此在膳食制备方面需要与成人有一定的差异。同时，学龄前期是形成良好饮食行为和健康生活方式的关键时期，幼儿在这个阶段展现出强烈的自主性、好奇心和学习模仿能力。

为了更好地满足学龄前儿童的营养需求，下面向大家介绍一些学龄前儿童膳食营养的小知识，希望能够有所帮助。

中国营养学会、妇幼营养分会为幼儿每日食谱营养摄入量提出科学建议：

《学龄前儿童膳食指南》中指出，学龄前儿童需要在一般人群膳食指南的基础上增加5条核心推荐：

一般人群膳食指南8条指导准则（适用于2岁以上健康人群）：

准则一：食物多样，合理搭配。

准则二：吃动平衡，健康体重。

准则三：多吃蔬果、奶类、全谷、大豆。

准则四：适量吃鱼、禽、蛋、瘦肉。

准则五：少盐少油，控糖限酒。

准则六：规律进餐，足量饮水。

准则七：会烹会选，会看标签。

准则八：公筷分餐，杜绝浪费。

5条核心推荐（适用于2—5岁的学龄前儿童）：

1. 食物多样，规律就餐，自主进食，培养健康饮食行为。

2. 每天饮奶，足量饮水，合理选择零食。

3. 合理烹调，少调料少油炸。

4. 参与食物选择与制作，增加对食物的认知和喜爱。

5. 经常户外活动，定期体格测量，保障健康成长。

首先，要确保食物多样化，规律就餐，培养健康的饮食行为。学龄前儿童需要全面的食物、规律的饮食，这有助于均衡的营养摄入和建立健康的饮食习惯。为了引导儿童养成良好的进食习惯，建议每天安排三餐和两次加餐，保持每餐之间合理间隔，进餐时间控制在20—30分钟。

其次，合理膳食和餐次安排至关重要。学龄前儿童的膳食应多样化，建议每天摄入食物种类达到12种以上，每周达到25种以上。为了使膳食更加丰富，可以选择小分量食物，与家人共餐，同类食物互换，荤素搭配，根据季节更换和搭配食物，以及变换烹调方式。正餐应包括早、中、晚三次，加餐以奶类、水果为主，避免油炸、膨化食品和含糖饮料。

此外，培养专注、自主的进食习惯也很重要。鼓励儿童定时就餐，避免与其他活动同时进行，细嚼慢咽但不拖延；同时，让儿童自己使用餐具，培养专注和自主进食的能力。挑食、偏食及过量进食是比较常见的问题，对此需要引导儿童选择多样食物，与家长共同进餐。通过反复尝试和变换烹调的方式来改善。家庭和托幼机构应制定相对固定的进餐计划，营造整洁温馨的进餐环境。

关于饮奶，建议每日饮奶量为350—500ml，选择无添加糖的奶制品。对于乳糖不耐受的儿童，可以在饮奶前进食固体食物或选择酸奶、奶酪等发酵乳制品。同时，控制含糖饮料的摄入，推荐首选白开水。

关于零食的选择，建议尽量与加餐结合，选择奶制品、水果、蔬菜和坚果等作为零食。避免高盐、高糖、高脂的食品，不喝或少喝含糖饮料，保证零食新鲜卫生和易消化，特别注意儿童的进食安全。

通过以上建议，希望可以培养学前儿童健康的饮食习惯和生活方式。

内容参考：《学龄前儿童膳食指南》《北京市托幼机构卫生保健工作常规》

王 爽

（三）进餐鼓励

儿歌

健康宝宝

小脚关门背挺直，胸脯贴近小桌边。

小手变成小手枪，紧紧握好小勺子。

扶好餐盘大口吃，饭菜搭配有营养。

不挑食来不剩饭，我是健康好宝宝。

作者：刘锦湘

第五节 穿衣指南

一、穿衣指南概述

幼儿穿衣是家长非常关切的问题。以前，经常有家长反映上幼儿园不知道给幼儿穿什么样的衣服适宜，也经常有家长给幼儿穿的衣服不适合在园生活、运动、游戏，存在安全隐患。结合小班幼儿发展水平和要独立面对的集体生活，给小班幼儿穿衣需要把握以下几个原则：

1.舒适：为了方便幼儿在园进行活动，幼儿衣物不宜过松或过紧，应以纯棉质地的舒适衣物为主。衣服柔软、没有过多装饰、袖子裤腿长短适宜，不穿过长或过短的下装，以穿着舒适的运动鞋为主。

2.安全：为了保证幼儿在园安全，幼儿在园时尽量不穿带绳子的帽衫及运动裤；不穿带金属扣装饰的衣物，小班幼儿不穿系带鞋。冬季，为了方便幼儿户外活动，不给幼儿穿着靴子和过长的羽绒服。

3.卫生：为了保证幼儿在园建立良好卫生的穿衣习惯，幼儿入园后需要穿着小内裤、小袜子，根据季节变化可以为幼儿穿着小背心。家长要及时为幼儿更换清洗衣服，以保证衣服的整洁、卫生。

二、穿衣指南要素及资源

（一）科学穿搭

宝宝穿衣小妙招

在幼儿即将上幼儿园时，许多家长表示有焦虑和困惑，不知道给幼儿穿什么衣服合适，穿多少合适。结合季节更替、北京的天气特点和幼儿初入园的能力，给您如下建议：

1.夏季

（1）建议幼儿穿透气又吸汗的短袖T恤+方便运动的长裤子+便于穿脱的运动鞋。

（2）温馨提示：请您为幼儿穿小内裤，不穿露脚趾凉鞋、不穿露膝盖短裤，女孩不穿裙子、皮鞋等。

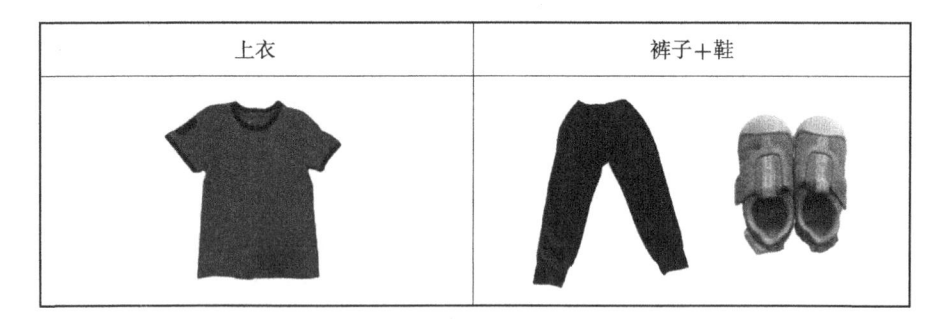

上衣	裤子+鞋

2.春、秋季

夏季穿衣建议：

（1）建议幼儿穿舒适又保暖的长袖T恤+秋衣或背心+方便运动的长裤+方便穿脱的运动鞋。

（2）温馨提示：请您为幼儿穿小内裤，不给幼儿穿系带鞋，衣袖不宜过长，袖口松紧适中，便于幼儿在洗手时能够自主挽起袖子。

春秋穿衣建议：

上衣	裤子+鞋

3. 冬季

冬季降温，家长一定要为幼儿做好保暖工作，合理给幼儿添加衣服，让幼儿在园活动时感到舒适又温暖。

（1）增减衣服要及时和适量。

（2）秋冬季穿衣小窍门：三暖"脖暖、肚暖、脚暖"

（3）上衣穿搭方法：

第一层：秋衣——柔软、透气、半高领

第二层：运动卫衣——舒适保暖、衣长袖长适宜，如卫衣较薄，建议搭配马甲。

第三层：短款大衣——御寒保暖、方便运动、衣长不过膝盖，建议衣码适合幼儿。

（4）裤子穿搭方法：

第一层：内裤+秋裤（棉质、保暖）

第二层：运动裤（宽松、厚度适宜运动和如厕）

在冬季还可为幼儿准备五指分指手套，便于幼儿户外游戏时穿戴。

冬季穿衣建议：

羽绒服	马甲	帽子、手套

作者：李 京 鲁 琳

（二）衣物标识

提到衣物标识，大家会对此感到陌生？"衣物标识"是指在小朋友衣服的明显位置缝合、粘贴幼儿姓名，以帮助幼儿建立物主意识，方便幼儿认识自己的衣物、认识衣服的前后里外、鞋子的左右，帮助幼儿掌握正确的穿衣穿鞋方法。

为什么要这样做呢？因为3岁左右的幼儿还没有掌握正确辨识衣服的前后里外、鞋子的左右等能力，在集体生活中，经常出现这样的现象：

1. 分不清衣服的前后里外，穿反衣、穿反鞋。

2. 找不到自己的衣服，穿错同伴衣服。

3. 衣服丢失、遗忘。

小班幼儿新入园，对园内的环境、老师、同伴十分陌生，本身就有一定的焦虑，如果再遇上不会穿脱衣服，或者找不到自己的物品等困难，容易使幼儿降低自信心，减少对幼儿园生活的向往情感，产生入园的焦虑抵触情绪。结合小班幼儿年龄特点，以及在园生活中经常出现的现象，我们总结出一些经验方便教师和幼儿对衣物的管理，在此给家长提供一些温馨提示，请您参考：

（1）为了帮助幼儿认识自己的衣服，同时能够区分衣服正反，请您在衣服正面左上方为幼儿缝制名字和明显标记。

（2）为了帮助幼儿认识自己的裤子，同时能够区分裤子正反，请您在明显位置为幼儿缝制名字和明显标记。

（3）为了帮助幼儿认识自己的小鞋，同时能够区分鞋子正反，建议您在鞋子的固定位置贴上标记或安装姓名挂圈。

（4）因幼儿间同款衣服较多，请您一定为幼儿衣服上绣上名字或贴上名字贴，方便教师帮助幼儿辨认和管理。

（5）为幼儿准备一个小书包，将两套干净的换洗衣物放入其中，方便老师进行更换。

参考图片——上衣：请您为幼儿准备合适的上衣并在明显位置缝制姓名标记。

参考图片——裤子：请您为幼儿准备合适的裤子并在明显位置缝制姓名标记。

参考图片——鞋：为鞋子做上明显标记，帮助幼儿分清左右。

参考图片 —— 衣服分类：帮助幼儿与教师快速找到需要更换的衣物。

作者：张路瑶

第六节 疾病预防

一、疾病预防概述

幼儿是国家的未来和希望，保障他们的健康成长是我们每个人的责任。疾病预防对于他们的健康和全面发展至关重要。

疾病预防可以降低幼儿发病率。幼儿的免疫系统尚未完全发育，因此他们容易受到细菌、病毒感染，导致患病。通过接种疫苗、建立良好的卫生习惯和健康饮食等预防措施，可以有效地降低发病率和疾病传播。通过预防疾病，不但可以消除幼儿在生长发育、智力发育和心理健康等方面的障碍，更关键的是可以提高他们的生活质量；在保证幼儿身体健康的同时，还可以减轻家庭和社会的负担。

疾病预防有助于培育良好的健康习惯。通过教育引导和实践操作，幼儿可以逐步建立良好的卫生习惯，如勤洗手、科学饮食、适度运动等，这些习惯将使他们终身受益。

二、疾病预防要素及资源

（一）预防方法

幼儿园疾病预防知识宣传

在幼儿园中，因为幼儿年龄小，身体免疫力低下，疾病传播的风险高。因此，正确的防病知识宣传对于维护幼儿的健康和安全至关重要。以下是关于幼儿疾病预防的小常识。

定期开展健康教育：我们要经常向幼儿开展健康教育，向幼儿宣传基本的卫生知识，教育幼儿养成良好的个人卫生习惯，如正确洗手方法、不随地吐痰、打喷嚏捂住口鼻等。

饮食均衡：幼儿期是幼儿的生长发育期，饮食对于幼儿的健康至关重要。我们要确保幼儿摄入多种营养丰富的食物。包括蔬菜、水果、谷物、蛋白质等。同时，限制高糖、高盐和高脂肪的食物摄入，防止肥胖和慢性病的发生。

积极锻炼：鼓励幼儿多参加户外活动，如游戏、运动等。适度的运动有助于增强肌肉、促进骨骼发育，提高心肺功能，建议每天进行不少于两小时的户外锻炼。

充足的睡眠：充足的睡眠对于幼儿身体和大脑发育至关重要。家长应确保幼儿每天有足够的睡眠，根据年龄建议保持 10 — 14 小时的睡眠时间，养成定时午睡的好习惯，良好的睡眠有助于增强免疫力，促进生长发育。

接种疫苗：接种疫苗是为了使人体免疫系统产生抗体，从而预防疾病。幼儿园会根据幼儿疫苗接种安排与社区医院进行联动，有序开展疫苗接种工作，预防多种疾病的发生。

做好日常消毒工作：幼儿园每日按时通风，并对教室、公共区域、玩具、餐具等进行消毒，防止病毒传播。家长也应每天开窗通风，并对幼儿物品进行定期消毒，预防病菌感染。

幼儿园每日严格落实晨检、午检、晚检制度，发现幼儿有异常情况及时处理并与家长联系及时就医，确保幼儿健康，家长应每天关注幼儿身体情况，如有不适及时与班级教师沟通。

幼儿常见疾病的预防是家长和幼儿园共同关注的重点。通过保持良好的个人卫生习惯、接种疫苗、改善环境卫生等，可以有效预防幼儿常见疾病的发生，一旦发现异常及时就医，通过以上措施，为幼儿创造一个良好的健康环境。

作者：袁　园

（二）护理方法

幼儿预防流感的方法

春、秋、冬季为呼吸系统传染病高发期，加之气候多变，儿童身体发育未完善，鼻腔短，鼻毛少，咽喉狭窄，黏膜柔嫩，血管丰富，免疫力较差，容易感染病毒，故做好流感的预防非常重要。在生活中我们要培养幼儿养成以下良好的卫生习惯：

1. 出现发热、咽痛、咳嗽等流感样症状期间，科学佩戴口罩

- 为幼儿选择大小适宜的口罩。
- 佩戴口罩时要完全遮盖口鼻。
- 到人多空气流通差的场所要正确佩戴口罩。

2. 注意手部卫生

- 尽量使用流动水及洗手液洗净双手，如无流动水洗手设施可用免洗手消毒剂。
- 外出勤洗手，不要用不洁的手摸口鼻、揉眼睛等。

3. 遵守咳嗽礼仪

- 在日常生活中，打喷嚏或咳嗽时，可以用纸巾遮掩口鼻。
- 来不及使用纸巾时，可以用肘部衣袖遮盖。
- 不随地吐痰。

4. 经常开窗通风

- 在空气质量良好的情况下，保证每日3次，每次不少于30分钟的开窗通风，以保持空气新鲜。

5. 增强机体免疫力

- 每日保证充足睡眠，均衡膳食，足量饮水，适当锻炼。

6. 接种疫苗

● 接种疫苗是预防传染病的有效手段。

7. 出现这些症状及时就医

● 密切关注幼儿的健康状况，出现发热和急性呼吸道感染等异常症状时，根据情况采取居家休息、服药或及时就医等措施。

● 若病情加重，戴好口罩及时就医，回家后认真洗手。

作者：张　博

幼儿积食的预防方法

在集体生活中，有的时候幼儿会出现身体不适、生病等现象。家长也经常反映幼儿不能坚持上幼儿园。幼儿经常出现身体不适的原因，通过观察分析可以发现，许多病看似种类各异，但深究或与"积食"有关，比如咳嗽、发热、咽炎、肺炎、便秘、腹泻等都可能是积食引起的。

1. 积食的一般症状

"积食"是指乳食停聚在中脘，积而不化，由气滞不行所形成的脾胃病。积食的症状有很多，家长可以仔细观察、认真判断。下面是一些判断幼儿出现积食的方法，大家可以参考。

（1）口有异味。

（2）大便比较臭。

（3）大便次数增多，每次黏腻不爽。

（4）舌苔变厚。

（5）嘴唇近几天突然变得很红。

（6）脸容易发红。

（7）食欲紊乱。

（8）夜晚睡觉不踏实。

（9）感冒后容易咽喉肿痛。

（10）饭后肚子胀痛、腹泻。

这些情况不一定同时出现，但每一条都对识别幼儿的积食有帮助。

2.积食出现的原因

（1）正餐、零食摄入过多

有些家长总担心幼儿吃不饱，总希望幼儿多吃些，因此经常追着喂饭，鼓励幼儿多吃饭，同时还给幼儿吃很多零食。殊不知，幼儿吃的东西过多，就会积食，脾胃就会受伤。

（2）高热量食物摄入过多

比如说幼儿喜欢吃鸡排，家长就给买好多，让幼儿使劲吃。一下吃很多高热量食物，就会造成积食，导致脾胃功能失调。

（3）不健康食物摄入多

许多幼儿喜欢吃各种零食，喝饮料。这类食物都往往有各种食品添加剂，有些会对人体健康有不良影响。幼儿一旦喜欢上这些食品，可能对正餐就会失去兴趣，导致饮食规律紊乱，进而使幼儿脾胃受伤。

3.正确按摩解决幼儿积食

幼儿积食，肠胃就会不舒服，表现为腹胀、不想吃饭、消化不好。出现这种情况不要着急，掌握一套摩腹法，给幼儿揉揉肚子或能得到有效改善。

（1）按摩肚子，促进肠道蠕动

中医认为，经过肚子的经络有脾经、肝经和肾经，通过按摩肚子能够达到调节肝、脾、肾三脏功能的作用，让身体内的"痰、水、湿、瘀"散开。现代医学认为，人的结肠是由升结肠、横结肠、降结肠、乙状结肠组成的，按摩腹部可以起到促进肠道蠕动的作用。

（2）怎样按摩肚子最见效

揉肚子的方法很简单：四个手指并拢，放在幼儿的肚子上，以肚脐为中心，轻轻做盘旋状揉动，先逆时针36下，后顺时针36下。顺揉为清，逆揉为补。连续揉30分钟，对幼儿的脾胃保养有很好效果。要点是除拇指外的四指并拢。如果按摩的时候幼儿的肚子咕咕叫，说明肠道正在蠕动，幼儿在排气，是正常现象，家长不用紧张。

4. 饮食推荐

（1）山药小米粥

材料：小米50克，新鲜山药100克。

做法：新鲜山药去皮、洗净、切块；小米洗净；砂锅加水煮沸，放入山药块与小米煮成稀粥即可。

功效：山药补脾养胃、补肺益肾；小米可补虚损，健肠胃。二者搭配有消食导滞、健脾止泻的功效。

（2）山楂陈皮大麦汤

材料：山楂8克，陈皮6克，大麦8克。

做法：将山楂、陈皮、大麦用水煮开锅后，再熬20分钟即可。

用法：饭后半小时服用。3岁以内的幼儿，一次喝小半碗（以幼儿平时吃饭的小碗为标准）；3—6岁的幼儿，一次喝半碗；6岁以上的幼儿，一次可以多喝半碗或者一碗。酌量频服，服后汗出即可。

功效：平时脾胃消化不好、脾胃虚弱的幼儿建议经常饮用。

作者：张 博

第七节　生活护理

一、生活护理概述

生活护理是幼儿在日常生活中所需的基本照料和关爱，旨在保障幼儿的身心健康。本板块主要包括擦鼻涕、咳嗽喷嚏处理和五官保护等环节。

擦鼻涕是一种生活护理技能，对于幼儿来说，掌握这种技能有助于养成良好的卫生习惯，减少感冒等呼吸道疾病的发病率，儿歌形式的引导可以让幼儿在愉悦的氛围中学会这项技能，如儿歌《擦鼻涕》："小手拿起纸巾，轻轻擦擦鼻涕，鼻子干净真舒服，健康快乐成长。"

咳嗽、打喷嚏是幼儿生活中常见的现象，正确处理有助于幼儿健康成长。当幼儿咳嗽或喷嚏时，引导幼儿学会用纸巾捂住口鼻，避免病毒和细菌传播。此外，通过儿歌的形式，可以让幼儿在轻松愉快的氛围中养成良好的卫生习惯，如儿歌《咳嗽喷嚏歌》："咳嗽喷嚏不要怕，纸巾捂住口鼻下，身体健康我最棒。"

五官保护是幼儿生活护理中的重要环节，包括眼睛、耳朵、鼻子和口腔的保护。幼儿时期是五官发育的关键时期，通过五官保护，可以预防和减少五官疾病和意外损伤的发生，促进幼儿健康成长。

二、生活护理要素及资源

（一）擦鼻涕法
儿歌

擦鼻涕

小纸巾，对折好，

夹住鼻子轻轻擦。

左擦擦，右擦擦，

小小鼻子变干净。

作者：胡紫依

（二）咳嗽喷嚏
儿歌

咳嗽喷嚏歌

咳嗽流涕病菌多，

快用口罩把口遮。

多喝水，多吃菜，

勤洗手，勤锻炼，

我是健康好宝宝。

作者：孙　玮

刘晓艺

（三）五官保护

幼儿五官特点和五官保护

幼儿五官包括眉毛、眼睛、鼻子、口腔、耳朵。由于幼儿身心发育尚未成熟，五官机能尚未完善，因此，五官保护非常关键。

1. 幼儿眉毛的发育特点及保健

（1）幼儿眉毛的发育特点

幼儿眉毛具有稀疏松软的特点，相关资料表明眉毛具有保护眼睛的作用。具有排汗和防止汗水流入眼睛的作用，还能阻挡灰尘、污垢和皮肤屑进入眼睛。眉毛除了具有保护眼睛的作用外，还有表达人的情绪、让人看起来更精神的作用。

（2）如何引导幼儿保护眉毛呢？

①注意眉毛部位的清洁、湿润。

②避免使用毛巾用力擦拭眉毛。

③保持良好的生活习惯，营养、睡眠充足。

2. 幼儿眼睛的发育特点及保健

（1）幼儿眼睛的发育特点

幼儿眼睛的发育尚未完全成熟，处于不断发育的阶段，具有晶状体弹性好、视力易矫正的特点。眼睛是阅览世界的工具，是心灵的窗口，它很明亮，也很脆弱，对于每个人都非常重要。由于幼儿年龄小，自我管理与控制能力弱，对于眼睛的保护不能做到坚持落实，需要成人特别注意引导幼儿保护眼睛。

（2）幼儿眼睛的保护

①注意眼睛的清洁，不用脏手揉眼睛。

②保持正确的阅读姿势，注意用眼距离。

③控制用眼时间，看电子产品每次不宜超过15分钟。

④防止眼睛疲劳，适当增加户外锻炼，远眺。

⑤看电视时保持3米左右的距离。

3. 幼儿鼻子的发育特点及保健

（1）幼儿鼻子的发育特点

鼻子是呼吸道的入口，是气体进出的门户，同时也是嗅觉器官。幼儿的鼻腔相对短小且狭窄，鼻毛发育有限，鼻黏膜柔弱且有丰富的血管，此外，幼儿鼻泪管较短，开口部的瓣膜发育不全，容易受到感染。

（2）幼儿鼻子的保护

①不用手挖鼻孔，养成良好的卫生习惯。

②不把小玩具、小颗粒等异物塞进鼻孔。

③有鼻涕时用柔软、湿润的纸巾进行擦拭。

4.幼儿耳朵的发育特点及保健

（1）幼儿耳朵的发育特点

耳朵是人的听觉器官。幼儿的耳朵耳廓薄，皮下组织少，耳道脆弱，容易引起细菌感染。

（2）幼儿耳朵的保护

①防止异物、脏水等进入外耳道，引起发炎。

②在寒冷的冬季，要注意耳朵的保暖，防止冻伤。

③防止噪声对耳朵的伤害，遇到噪声或大的声音知道保护耳朵。

5.幼儿口腔的发育特点及保健

（1）幼儿口腔发育特点

口腔健康是婴幼儿成长发育的基础。幼儿阶段一般有20颗乳牙，牙齿个体较小，形状不规则，牙齿缝隙较大。如果在此阶段不注意口腔卫生，非常容易出现龋齿。

（2）幼儿牙齿的保护

①家长可引导2岁左右幼儿养成早晚刷牙、饭后漱口的习惯。

②少吃甜食，吃过多的甜食容易导致蛀牙，会影响牙齿健康。

③补充钙物质，钙是人体不可缺少的元素，有利于牙齿生长。

④定期检查，每三个月到半年接受一次口腔检查，发现异常及时治疗。

作者：李艳红

第八节　卫生习惯

一、卫生习惯概述

良好的生活卫生习惯是保证幼儿身体健康的必要条件。俗话说"病从口入",说明了讲究卫生直接关系到人的身体健康。人的卫生习惯一般都是从小慢慢形成的,所以,培养幼儿良好的卫生习惯应该从小抓起。如饭前便后洗手、早睡早起刷牙、每晚洗脚洗袜,衣服洁净常换等个人卫生习惯,幼儿将一生都获益良多。

据我们长期观察了解,3—6岁幼儿在家长的指导下可以独立地完成一些个人卫生事务,比如洗脸、刷牙、更换衣服、洗小内衣、小袜子、扫地、擦地、收拾整理玩具等事务,但如果这个阶段缺乏父母的有效引导和耐心培养,他们很难养成讲卫生的好习惯。

因此,在此阶段我们要培养幼儿良好的卫生习惯,家长可通过故事、诗歌,或者具体的生活实践培养幼儿的清洁卫生习惯,为幼儿的终身健康发展奠定基础。

二、卫生习惯要素及资源

(一)修剪指甲
儿歌

剪指甲
长指甲,危害大,

藏细菌，易划伤。

快快拿起指甲钳，

定期修剪好习惯。

作者：李　朔
孟德苹

儿歌

小手讲卫生

小手小手指甲长，

灰尘细菌里面藏。

勤洗手来勤修剪，

养成卫生好习惯。

作者：张　婕

（二）发型选择

为幼儿保持适宜的发型

舒适利落的发型可以让小朋友们精神饱满、轻松愉快地享受生活，保持适宜的发型对于幼儿建立良好生活习惯、自信交往起到重要作用。幼儿头发如何保护、发型如何设计呢？结合幼儿在园一日生活、活动情况，为家长提供以下建议：

1.定期清洗

清爽的发质是发型要求的基础，幼儿在园活动量较大，跑跑跳跳，容易出汗，未及时清洗头皮和头发，不仅影响个人形象，而且还会助长细菌、真菌繁殖滋生，出现瘙痒感，如果清洗过于频繁又会失去太多的油脂，导致头皮干燥、失去光泽。建议家长可以定期给小朋友洗发，夏季2—3天、冬季3—4天洗一次头即可。

2.定期修剪

长短适宜的头发是幼儿轻松自信活动的保障。定期修剪头发能促进头发的新陈代谢，防止头发开叉，让头发看起来更加美观，令头发的整体发质更健康。

刘海儿可以让小朋友们看起来更加活泼可爱，但刘海长度超过眼睛，会在眼前形成遮挡，可能会造成视野受限，长时间视觉疲劳、视物不清楚、眯眼看东西等，容易导致视力下降。因此建议家长定期为小朋友们修剪头发。

3.长短适宜

男孩不留过长头发，长度不过耳朵，清爽利落。

女孩短发前不挡眼，后不披肩。刘海不宜过长，容易遮挡眼睛。女孩过肩长发，要束起或盘起，建议梳一个马尾辫或两条辫子，避免复杂发型。

4.发饰佩戴

扎头发松紧适宜，避免过松或者过紧，造成头皮不适，影响小朋友情绪状态。

发饰不宜佩戴过多，过多发饰影响小朋友的注意力，也容易吸引其他小朋友的关注，碎头发比较多的小朋友，建议使用1—2个发夹固定即可。

总之，学龄前阶段幼儿注意力容易分散，玩头发、发饰的行为会导致注意力转移。另外，头发过长，在进餐过程中容易掉进餐盒中，不卫生。合适的发型不仅能给小朋友们带来舒适的感受，同时也能稳定小朋友们的情绪，为幼儿园的一日生活打好基础。

作者：贾艳新

第九节 安全常识

一、安全常识概述

安全常识是教育中不可或缺的一部分，本书将其划分为规则意识、规避危险、常见标识三个核心部分。规则意识主要指遵守园规、遵守法律、遵守社会公德、遵守游戏规则的意识；规避危险是指意识到安全的重要性，珍爱生命，远离危险；认识常见标识是适应社会规则的基本技能，能够认识、区分不同标识的含义。

由于幼儿自我保护能力有限，缺乏基本防范意识，自我保护意识弱，易出现事故和危险，所以对幼儿进行安全常识教育是非常必要的。在日常生活中，家长可以通过带领幼儿去往真实的社会场所，例如，地铁、商超、街道等，认识不同的标识，熟悉社会规则。

二、安全常识要素及资源

（一）规则意识

假期安全提示

家长朋友们，在快乐的假期生活中，幼儿安全更要得到重视，在家时，电器、刀具等物品要放到幼儿够不到的地方；阳台或窗台要有安全防护措施；不要将幼儿独自留在家中；外出时，不要让幼儿脱离成人的视线或独自留在汽车中；告诉幼儿要牢记自己和家人的姓名与家庭电话号码，一旦走失能向他人求助并提供关键信息；不和陌生人交谈，不吃陌生人给的东西,遇到危险时能够向他人求救。

儿歌

家长朋友请记牢,早送晚接准时到。

看清班牌队排好,提前出示接送卡。

顺序一月一轮换,月初月末拿被褥。

特殊情况莫着急,等候区里等一等。

开心入园平安回,秩序你我共守护。

作者:陈 昊

(二)规避危险

儿歌

父母姓名我知道

父母姓名记心中,

不慎走丢能用上。

走丢不慌原地等,

再找警察来帮忙。

作者:李艳红
武雨薇

(三)安全标识

日常生活中有许多的安全标识,它们是向人们警示公共场所或周围环境的危险状况,指导人们采取合理行为的标志。安全标识能够提醒人们预防危险,从而避免事故发生;当危险发生时,能够指示人们尽快逃离,或者指示人们采取正确、有效、得力的措施,对危害加以遏制。生活中有很多的规则与标识,可以保护我们的安全,安全标识就是一种重要的规则。

在此,结合日常生活和幼儿年龄特点,向您介绍一些幼儿生活中常见的与幼儿生活息息相关的安全标识,家长可以在日常生活中引导幼儿认识常见标识的名称与意义,增强幼儿的安全意识,养成遵守规则的良好行为习惯。

交通安全标识

前方人行横道　　　　　注意信号灯

行人步行通过

生活安全标识

安全楼梯　　　　　灭火器

男女教工卫生间

幼儿园生活标识

女厕　　　男厕

安全出口

第四章 评价篇

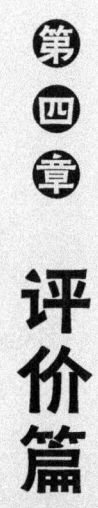

一、感谢信

名苑幼儿园园长：

您好！我是梓茉的家长，梓茉在幼儿园学习、生活已经半学期了，通过这半个学期的集体生活，她在各方面都有了不小的进步，所以在此想写封表扬信感谢一下小十班的禹老师和娇娇老师。感谢幼儿园小十班老师对梓茉无微不至的关怀与悉心教导。

梓茉是一个比较内向的孩子，在幼儿园开学之初我们家长心中总有些不舍与担忧，不舍幼小的孩子就要走出家人的视线，离开温暖熟悉的家，进入幼儿园这个大集体中。不舍她要开始独自面对陌生的环境，陌生的人群。我们担心天性善良的她会被其他小朋友欺负，担心她不能融入集体，担心她生病等等问题。总是有数不完的担心。但是经过这半学期，我们发现老师们以极大的爱心、耐心和责任心去关心她、爱护她。用鼓励、欣赏、劳动参与等科学的教育方法去感染她，把爱渗透到孩子幼小的心里。如今每天去幼儿园成为了她最高兴的事情，她的小脸上时常挂着开朗自信的笑容，综合能力也有了明显的提升。现在她回到家第一件事就是自己边说儿歌边脱衣服叠衣服，第二件事就是立马去洗手，洗好之后还对水龙头说一句"谢谢水龙头"。开学之初梓茉在幼儿园时，因为贪玩没有及时去厕所以至于

尿了裤子，老师们没有责备孩子，而是帮助她换掉裤子，还清洗了衣物，这让我们大为感动。

我们深深明白孩子的点滴进步得益于园长的领导和老师的共同努力。老师们一天工作十多个小时，不仅要进行课程教学，还要全程照顾幼儿的吃喝拉撒。每次去幼儿园接送孩子时，总是看到禹老师和娇娇老师忙碌的身影，把一些小朋友的问题都记录在手上，就怕有遗忘。

在此衷心祝福老师们工作顺利！身体健康！万事如意！天天快乐！

小十班梓茉家长
2021年1月

尊敬的孟老师及小四班的所有老师：

您们好，我是瑾涵小同学的爸爸，首先非常感谢孟老师及各位老师无微不至的关怀和非常恰当的教学、教育方法，使瑾涵同学能够快速完成从父母的亲情教育走向系统的学前教育。作为家长的我们深感这个过程非常艰难。

在各位老师细心的引导下，我们家袁瑾涵只经历了七天"调皮的哭声"后就迅速地适应了幼儿园的群体生活。这个时间长度的确让我和孩子的妈妈、爷爷、奶奶都感到无比的惊讶。但我深信这离不开幼儿园各位老师细心、耐心和优良的教育。现在瑾涵每天放学都能回到家去展示在学校学习到的各项活动，成长得非常快。在这里，我代表全家向各位老师和幼儿园表示感谢，感谢各位老师付出的辛勤汗水。

上周五，瑾涵同学因周六要打新冠疫苗有些紧张，在幼儿园上厕所时把衣服弄脏了，孟老师及各位老师非常细心地给瑾涵清洗且换上了干净衣

裤，还热心地将脏衣服洗净。听闻这些，我和孩子妈妈都非常感动，即使在家中可能也有不及时更换的时候，所以我和孩子的妈妈非常感谢孟老师及各位老师。您们起到了良师益友、榜样的作用，相信孩子在各位老师的悉心培养下会长成参天大树。再次感谢孟老师、各位老师及幼儿园，希望瑾涵在学校能够掌握更多本领，并养成好习惯，为以后进入义务教育打下好的基础，同时也请各位老师在培养孩子过程中，有任何问题及时告知我和孩子的妈妈，我们会第一时间配合老师及幼儿园的各项要求与活动。瑾涵是一名有主见的小朋友，让老师们费心了，我们希望和老师一起把她培养成才。祝孟老师及各位老师身体健康、工作开心！

小四班瑾涵的爸爸妈妈　敬上
2021年11月

亲爱的小八班王老师、温老师、诗诗老师：

你们好，我是名苑幼儿园小八班钰宸的家长，首先对三位老师表示感谢，你们辛苦了！

2021年进入了尾声，新的一年即将到来。不知不觉，我们家的钰宸在你们精心的照顾下，已经可以很好地适应幼儿园的集体生活。回想这半年，从第一天全天，中午完全不适应在幼儿园午睡，哭了一整个中午，回家以后哭着说不要再上幼儿园，到今天她无比高兴地踏入幼儿园和老师们说早上好。多少的酸甜苦辣，多少的焦虑迟疑，是你们一直在陪着我们见证着孩子的成长。从她第一天怯怯地进入幼儿园，偶尔尿湿裤子，吃饭要人追着喂，到现在的生活基本能自理，甚至还能教育我们"自己上马路""吃饭要洗手"，我知道这和你们的努力分不开。

记得入园的第一天，我是那么地忐忑。对于父母来说，让一个仅三岁多且一直在父母身边的孩子独自一人去面对一个陌生的环境，去和老师、同学在一起学习、生活，开始她人生的一个新起点，我们是那么激动与高

兴，却又充满着不安和担心。怕孩子吃饭吃不好，喝水喝不好，又怕孩子被小朋友欺负，又怕孩子磕着碰着。是你们的细心和耐心让我真的放了心，我看见了你们是怎样百般耐心地安抚新入园的孩子，你们是怎样不厌其烦地一次一次教孩子自己吃饭，你们是怎样一遍一遍教会孩子洗手，帮助她建立良好的生活习惯。你们的付出让我们彻底放了心。

从钰宸每天回家时开心的笑容，给我们角色扮演幼儿园的生活；从每周的细致的主题教学安排，我们知道为了给孩子一个好的启蒙教育，为了孩子的不断成长，你们一直在努力。

虽然钰宸入园到小八班只有短短一个学期。因为身体原因，实际到幼儿园上课可能也不到一个月。但是从跟老师们的接触，以及孩子的表述中，我们都深深地感到老师对她付出的关怀与爱。钰宸会给我们表演老师教的儿歌，比如"小白小白上楼梯""石头剪刀布"之类的。每天晚上接她，可以看到老师给她梳着整齐好看的辫子，脸上抹着香香的擦脸油。孩子会说王老师教唱歌了，温老师喂饭了，诗诗老师教上厕所了，马老师教孩子们怎么样洗手，等等。孩子谈起老师时的口气，亲切，自然，好像说起家人一样，这让我们深深地觉得，老师们是在用爱浇灌这些小苗苗。

钰宸入园的一个学期中，因为鼻炎和感冒，有时候一星期上两天，有时候连续休息一个月。老师们从来都是倍加关注：王老师经常打电话关心孩子的身体情况，鼓励孩子多参加体育锻炼……因为经常请假，跟不上学习的进度，老师就耐心地辅导，让她跟上其他小朋友的步伐，不让孩子有掉队的自卑感。每当我问起孩子幼儿园好不好、老师好不好的时候，孩子都说好。虽然答案很简单，但孩子对幼儿园、对老师的亲近感让我欣慰，因为这是孩子全面地接受幼儿教育的前提条件。

其实，对于孩子能学到多少知识，我不是十分关注，我更关注的是孩子的身体素质、道德品质、行为习惯、性格培养。而园中合理的膳食结构、先进的教育理念、科学的管理模式、敬业的教师队伍，恰好营造了一个良好的空间，让孩子健康快乐地成长、进步。现在费钰宸已经学会并养成了很多习惯，收拾玩具，自己上厕所……虽然需要学习的还有很多，希望在接下来的幼儿园学习中，在小八班老师（王老师，温老师，诗诗老师）的关怀教育下可以更加健康、快乐和自信。

再次衷心感谢小八班的王老师、温老师、诗诗老师，还有名苑幼儿园所有的老师工作人员对费钰宸的成长所付出的辛勤汗水！祝名苑幼儿园所有老师和工作人员工作顺利，祝小朋友们都健康成长，快乐学习！

小八班钰宸家长
2021年12月

尊敬的小六班梁老师、霍老师、葛老师、禹老师：

我是小寻的妈妈，自从10月份入园，在老师们无微不至的照顾下，小寻在各方面的进步让我十分欣喜，在此我非常感激各位老师对于小寻的关心和教育。

小寻从小就非常依赖我，这让我既感受到了为人父母的快乐，也对他能否适应幼儿园新环境产生了担忧。我害怕他无法快速适应陌生环境；害怕他因性格腼腆，不敢与其他小朋友交流；害怕他吃不饱，饿肚子，但是又不知道该如何帮助他。

这时公众号发来了《相约名苑，快乐起航》及《小班入园五部曲》两个短视频，真是解了我的燃眉之急，小寻对里面的内容十分感兴趣，也通过视频认识了梁老师、霍老师和葛老师。第一次送小寻去幼儿园时，他很快就认出了梁老师，跟着老师进了幼儿园，没有任何不适应，那时我心中的一块大石头才算落了地。

小寻在幼儿园里面适应地很快，每天回家都会跟我们讲述白天发生的事情，同时我也发现小寻在老师的悉心教导下养成了很多好习惯，诸如：进家换鞋，回家洗手，见到长辈问好，玩具归位，不剩饭，帮助家长做家务等等。他的自理能力和学习能力都有了很显著的进步。

我们在公众号看到了《入园初体验，成长在名苑》的短视频，里面看到了小寻开心的笑脸，我们打心眼里感到高兴，孩子的点滴变化和提高，都离不开老师们的辛勤付出，把孩子交到这么有爱心、耐心和责任心的老师手里我们感到十分放心，同时也深深地感觉到了老师们的辛苦。

最后，感谢名苑幼儿园各位老师们对孩子们付出的心血和汗水，祝老师们万事如意。

小六班小寻家长
2021年12月

尊敬的名苑幼儿园园长及老师们：

您们好！值此新年来临之际，我谨代表紫潼的家人向您们致以最诚挚的祝愿，祝您们新年快乐！

紫潼入园也有两个月的时间了，之前是个腼腆羞涩的小女生，有幸在这里遇到成长路上的启蒙老师张老师、柳柳老师、王老师，她们用对工作的热爱和一颗仁爱之心呵护着美丽幼小的童真心灵。张老师作为班主任，每天都与孩子们学习生活在一起，不仅要教授各种礼仪、课程，传授生活技巧，还要关心孩子们的身心健康，总是早来晚走。每天用自己甜美的微笑、鼓励的眼神、贴心的话语拨动着孩子们求知若渴的心弦。孩子们在老师们的关心呵护下一天天长大。潼潼回家后经常说特别喜欢小张老师、柳柳老师和王老师，叙述着幼儿园发生的各种趣闻。

孩子在这个学期内的幼儿园生活让我们感触很多，来幼儿园之前，她一直是和弟弟相互作伴，形影不离；来到幼儿园之后，姐姐和弟弟分在了不同的班级，之前担心潼潼离开弟弟会有不适应，但很快感觉担心是多余的，在老师们的鼓励下潼潼不仅结交了新的好朋友，还学习了很多的歌谣、舞蹈、生活技巧。回到家还会给我们表演各种各样的节目，为家庭增添了很多欢乐的气氛。

柳柳老师在生活上给予孩子很多的照顾，孩子体质未发展到位，所以时不常地闹些小病。在疫情防控工作中，张老师及其同事们以极大的爱心、耐心、信心、责任心关心、爱护、鼓励她，使她病情逐渐好转并提高了自身的免疫力。老师们以高度负责的态度全程陪护她完成了第一针新冠疫苗的接种工作，还为她颁了奖状和奖牌，孩子感到无比的骄傲与自豪。

在今后近三年时光里，我们做家长的会积极和老师们保持沟通，让杨紫潼小朋友在名苑幼儿园里度过最美好的童年。再次感谢小九班全体老师！

小九班紫潼父母

2021 年 12 月

尊敬的名苑幼儿园园长、园领导及老师们：

  您们好！我是小五班沛轩的家长，值此新年来临之际，我谨代表家人们向您们致以最诚挚的祝愿，祝您们新年快乐。

  沛轩来园有两个月的时间了，很荣幸地遇见了陈老师、赵老师、张老师这样的好老师、引路人，她们像母亲一样带给孩子无微不至的关爱，感谢她们对轩轩的辛勤照顾和培养。陈老师作为班主任，每天都要与孩子们生活、学习在一起，不仅要教授教育课程，还要关心孩子们的生活起居，工作量和工作强度都很大。但她们每天都用美丽的笑容给孩子们带来快乐。孩子们一天天长大，每天都有点滴的进步，这都离不开"园丁"的辛勤培养，有这样爱岗敬业的班主任是我们一家人最感开心的事。

  孩子在这个学期内的幼儿园生活，让我们感触很多。没来幼儿园之前，孩子一直是和姐姐相互作伴，形影不离；来到幼儿园之后，弟弟和姐姐分在了不同的班级，在老师们的鼓励下结交了新的朋友，学习了更多的歌谣、舞蹈、生活技能。有时回到家，还会给我们表演各种各样的节目，为家庭增添了更多欢乐祥和的气氛。

  陈老师在生活上也给予孩子很多的照顾。陈老师及其同事们以极大的爱心、耐心、信心、责任心关心他，爱护他，鼓励他，他逐渐提高了自身免疫力。老师们以高度负责的态度使他完成了第一针新冠疫苗的接种工作。

  希望在今后近三年时光里，孩子能继续沐浴在优秀老师的爱心之光中，我们也会积极和老师们保持沟通，让沛轩小朋友在名苑幼儿园里度过最美好的童年。再次感谢小五班全体老师！

小五班沛轩爸爸妈妈
2021年12月

致名苑幼儿园的一封信

自九月底思涵入学名苑幼儿园后，三个多月的时间里，我们见证了孩子的成长和进步。这一切都离不开小五班老师们的悉心照顾和教导。下面我从三个方面分享小五班老师与孩子的点滴故事。

午睡篇

思涵以前在家午睡基本2小时以上。孩子刚开始较难适应幼儿园的作息制度。但老师们耐心开导、鼓励思涵，像父母一样搂着孩子，给孩子最大的安全感，让她更容易入睡。同时老师也会跟我们沟通孩子这方面的问题。慢慢地，孩子终于可以自己独立睡午觉了，陈老师也及时跟我分享了这个好消息并对孩子的表现给予了肯定。这背后离不开老师们的耐心付出。

生病篇

在十月底的时候，思涵感冒了。一开始我们以为是普通的感冒发烧，三四天应该会好，没想到这次生病持续了两周，才完全康复。小五班老师主动在家园平台上与我们沟通思涵的病情，并表示很想念她。简单的言语间让我们感受到了小五班老师的细心周到，我们把老师的想法转达给思涵后，孩子也很开心。

排练节目篇

思涵在22号周三的时候请假去医院了，老师得知消息后祝福思涵早日好起来，并告诉我们新年小五班要一起排练节目的计划。24号周五孩子放学回家后，就迫不及待地表演节目给爷爷奶奶看，流利地记住了全部歌词，并伴有不同的手势。对此我们感到非常欣慰，并给了孩子鼓励，这与老师们的悉心教导密不可分。

三个多月来的几个点滴故事，亦能看出名苑幼儿园小五班老师们的师德。正所谓春风笑脸暖心扉，温情善导显师德。衷心感谢小五班各位老师的付出！在未来，一起见证孩子更多的进步。也衷心希望名苑幼儿园越来越好！

小五班思涵家长
2021年12月2日

尊敬的名苑幼儿园领导及小九班的老师：

您们好！我是贵园小九班糖糖小朋友的家长，今天怀着一颗非常感激的心写这封信。

我的孩子进入幼儿园快三个月了。在这段时间里，糖糖已经能够很好地适应幼儿园生活，各方面都有进步，我们非常高兴。幼儿园作为孩子从家庭进入社会所接触的第一个环境，对孩子的成长至关重要。作为家长，我看到糖糖一点一滴的变化，这一切和小九班的张老师、柳老师、王老师的辛勤培养密不可分，在此我由衷地感谢小九班老师们对糖糖的爱心、关怀、辛勤的教育及帮助！

糖糖本是一个调皮、害羞，怕生人的小朋友。在刚入园的时候，很多基本的生活技能他都不具备，我一度非常担心他在幼儿园的表现。但小九班的三位老师用她们的教育智慧及满满的爱心，慢慢安抚哭闹的糖糖；在糖糖不敢和大家玩的时候，她们找了比较大的小朋友，牵着糖糖的手，一起游戏；在糖糖闯祸的时候，她们耐心地和糖糖讲明活动规则……小九班的老师们用她们的爱心、热情及专业能力，把糖糖变为了一个喜欢幼儿园、能够参与集体活动的小朋友。我为糖糖有这样的老师而感到欣慰。

最后，再次感谢小九班的老师们，孩子的成长离不开您们的心血！同时也感谢帮助过孩子的每一位老师，感谢贵园的领导，您们辛苦了！

小九班糖糖家长
2021年12月20日

尊敬的名苑幼儿园老师们：

您们好，您们辛苦了！

我是小四班芮嘉、小五班芮恺的家长，孩子入园近三个月时间，在老师的教导下孩子在各方面都有了不小的进步，不但增长了知识，还提高了自理能力和适应能力。作为孩子的家长看到孩子的成长感到由衷的欣慰，十分感谢老师们对孩子的爱心、耐心、关心和辛勤的付出。

名苑幼儿园是知名的幼儿园，师资力量雄厚，芮嘉、芮恺能进入名苑幼儿园是非常幸运的，家长非常放心。孩子初入园时也经历了一段焦虑期，孩子开始哭着表示不愿去，作为家长心理十分纠结，但经过一段时间后在孩子老师的关爱下逐渐适应了班级环境，主动想去幼儿园，这个阶段老师们付出了很多。孩子适应了幼儿园生活之后，每天都能看到他们的成长，会自己吃饭了，时不时地唱儿歌，还学会了分享，这么多进步都是老师们点滴培养的结果。为抗击新冠疫情，幼儿园组织接种疫苗，我们积极响应，芮嘉、芮恺第一批接种，看到孩子得到"疫苗接种小英雄"金牌时高兴的表情，我们感受到孩子在幼儿园找到了家的感觉。

每天去接送孩子都能看到老师们跟每个宝宝打招呼，跟家长们沟通孩

子的表现及注意的问题，让家长非常安心；而且幼儿园老师们组织接送的秩序非常好，让家长和孩子感觉到是安全、高兴的。是您们给了孩子们快乐的时光，是您们教会孩子很多做人的道理，是您们培养孩子一步步成长……作为孩子家长在这里由衷感谢教育着、帮助着和培养着芮嘉芮恺的老师们，真心地道一声"您们辛苦了"。

祝愿名苑幼儿园越来越好！祝愿老师们身体健康，工作顺利！

小四班芮嘉、小五班芮恺家长
2021年12月25日

名苑幼儿园小十班全体老师，你们好：

清晰记得在孩子入园前，家长入园进行过一次参观交流。映入眼帘的是整洁的环境、温馨的装饰，多彩的布置，每一处场景都彰显着幼儿园全体教职工的辛劳付出。走进小十班，老师们的热情、和蔼与笑容更是温暖着孩子和家长，我们为孩子能在这样的环境中成长感到欣慰。

为迎接2022年，小十班的老师和同学们装饰教室，彩排节目。回忆孩子在幼儿园两个多月的生活，让人难以忘怀的一幕幕场景温暖浮现。全班小朋友一起表演节目还是第一次，情绪失控也是在所难免。面对这样的情况，班主任刘老师不仅没有因耽误排练进度烦闷，而且以保护孩子的幼小心灵为前提，一直鼓励孩子，并及时在线上与家长沟通如何让孩子建立自信。这一系列的举动才是对师德最完美的展现。这样的态度和行为会让孩子变得越来越勇敢，让家长暖心。老师的鼓励，是对孩子最大的认可。

疫情防控，幼儿在行动。打针，对每一个小朋友来说无疑是个灾难。小十班的老师们根据实际情况，在进行接种疫苗之前，通过讲故事的方式正向引导为孩子做心理建设；在疫苗接种过程中，以争做"疫苗接种小勇士"的形式让孩子勇敢面对；在疫苗接种结束后，老师们积极询问家长孩子接种后是否有不适感。这样以身作则，正是对师德的诠释。

小十班老师们这样温暖人心的故事不胜枚举，孩子们在人生第一个集体生活中收获的不仅是快乐，还有立德成才的力量。在这里，有您们的倾情呵护，才会让孩子感受温暖；有您们的悉心教导，才会让孩子变得坚强；愿孩子感受成长的快乐。

师德为先，倾情呵护。小十班的老师们，您们辛苦了！

小十班瑞航妈妈
2021年12月25日

尊敬的名苑幼儿园小五班老师们和领导们：

你们好！

我是贵园小五班婉晴小朋友的家长，今天怀着一颗十分感激之心写这封信。

说实话，和许多家长一样，在孩子入园前，我们感到十分忐忑，因为进入幼儿园学习和生活是孩子接触社会、参与集体的第一步，我们担心孩子走不好这关键的一步，尤其是我们今年6月份才入住到新环境，对于婉晴来说，这里的一切都是完全陌生的。但很惊喜的是，在小五班陈老师、赵老师、张老师的耐心照顾和正确引导下，在名苑幼儿园的精心专业管理下，婉晴长大了很多，学会了很多，开心了很多，懂事了很多。

婉晴现在每次从外面回到家都会自觉去洗手，有时候大人没来得及洗手，她还会督促我们赶快洗手，说："老师说了，外面有病毒。"特别有趣的是，她洗完手还会说："谢谢水龙头。"实在是太可爱了，感谢老师们帮助孩子养成良好的卫生习惯。婉晴现在还学会了自己穿衣服、裤子和鞋子，尤其是比较厚重的秋冬衣服，她还能自己拉拉链，她说是老师教她的。我们惊讶又感叹，感谢老师们教会孩子生活技能和对生活的热爱！

在名苑幼儿园，婉晴的性格也变得活泼开朗，爱笑，爱运动，能主动跟人热情地打招呼。她还时不时会表达对爸爸妈妈和家人的爱，特别暖心。她在学校认识了很多好朋友，打消了我们先前担心她在这个全新环境的适应不好的顾虑。婉晴还经常夸奖学校的饭菜可口美味，说特别特别好吃，比奶奶做的饭还好吃（奶奶是我们一大家子公认的大厨），还调皮地说："妈妈，你是不是很羡慕我呀？你是不是也想来名苑幼儿园吃饭呀？那你就上小五班吧"。从孩子的一言一行，从孩子的点滴改变，都能看到背后老师们的辛勤付出和教导有方。

本学期学校组织打疫苗，令我们很感动的是，打疫苗都是周末时间，老师们要加班，但是没有任何怨言，打完疫苗后，老师们还抽出时间跟家长们沟通孩子的在校情况，从老师的每句话中都能感受到老师们对每位孩子的关注、关心、喜爱，感受到老师们的敬业、负责、专业。我们发自内心地感到，能在名苑幼儿园上学，是极其幸运和幸福的事。真心感谢老师们对孩子视如己出的关爱，感谢老师们对孩子的认真负责！

本学期学校举办了画展，那次画展很惊艳，我们看到了婉晴在绘画和想象力方面的出色表现，从作品可以看出老师们为这次画展付出了很多心血和努力，感谢老师们的辛苦付出！后来有件遗憾的事，陈老师帮孩子们搬被子下楼时崴了脚，挺严重的，陈老师请假了，婉晴很想念陈老师，回家不停地念叨，我们后来才知道她在养病期间还不忘关心小五班的孩子们，听婉晴说陈老师在家躺在床上，脚上绑着绷带，通过视频跟小五班的所有小朋友远程见面。我们非常敬佩陈老师的敬业精神和专业度，在我看来，她言传身教使孩子们明白要关心和关爱自己所爱的人。

孩子身上承载着家长全部的期望，孩子很幸运遇上这么好的老师们，对孩子认真负责、关怀备至。我们家长也学到了如何教育孩子，保持家庭教育和幼儿园教育统一，为孩子养成受益终身的良好行为习惯努力！微笑，挂在孩子们的脸上；感激，来自家长们的心窝。

衷心感谢名苑幼儿园小五班的陈老师、赵老师、张老师及教育过、关心过、帮助过婉晴的所有老师们！感谢园长的辛勤工作，感谢园长领导出这样出色的幼儿园！有了您们，我们看到了孩子美好的未来！

祝福名苑幼儿园所有的老师们工作顺利、身体健康、阖家幸福、万事如意！

小五班婉晴家长
2021年12月26日

二、锦旗故事

花花小朋友刚入园的情景似乎仍然历历在目，一转眼第一个学期马上要过去了。

花花和全家人一样，最开始是对幼儿园生活是很新奇，似乎对幼儿园的生活充满了期待。但入园第一周，花花对于这个新环境还是表现出小小的紧张。庆幸的是班主任刘老师、冯老师和吴老师都十分的耐心、充满了爱心、给予了信心。花花第二周开始就不哭不闹地入园了。回到家里，第一次和我们分享认识的新朋友、第一次表演在幼儿园学到的儿歌、第一次分享在园里吃到的好吃的，我们一家人看着花花每天开心的模样高兴极了。特别是这次接种疫苗，花花因为身体原因耽误了一段时间，但是班主任刘老师辛勤细致地安排，终于及时排上了接种时间。当天天气寒冷，刘老师早早的等在门外，花花一开始还有点不乐意，但一看到了刘老师就开心起来，还说要当疫苗小勇士呢！接种的过程非常顺利，花花回家的路上紧抓着小奖牌，一回家就要求在家里最显眼的位置挂着。

赠：名苑幼儿园小十班全体老师
幼儿成长树荫 儿童健康天使
小朋友和家人敬赠
二〇二一年十二月

作为家长，我们感受到了孩子茁壮的成长，更感受到了小十班全体老师对孩子们深沉的爱。我们坚信，在孩子们后续的幼儿园生活学习中，一定能和老师们学到更多的知识、养成更多更好的品质，成长为对社会有用的人才打下最坚实的基础。

小十班 花花家长
2021年12月

良师益友　启蒙园丁

尊敬的小六班梁老师、霍老师、禹老师：

你们好！正所谓"师者，所以传道授业解惑也"；幼师，更是"随风潜入夜，润物细无声"。犬子周一正值顽劣淘气之年，亦为修身养德之际。贵园耐心、细致的工作态度，严谨、科学的工作方法，着实令我们钦佩和感动，在这里我们对园长及各位老师对我们孩子的深切关心和辛勤教育表示衷心的感谢！

周一自今年9月入园，至今已逾4月。在这4个多月里，通过各位老师细致入微的照顾，孩子非常快速地适应并融入了幼儿园的集体生活，自

理能力有了很大的进步。同时，孩子更加有礼貌，更加自信。在生活方面，早上起床和晚上睡觉可自己穿脱衣物，在外玩耍时会很有礼貌地称呼其他小朋友和爷爷奶奶叔叔阿姨；能早睡早起，周末在家也基本上能按时睡午觉。在学习方面，孩子也有了明显的进步，放学回家后可以自行读书，听儿歌的同时常常会翩翩起舞，能够给爸爸妈妈表演在学校学的儿歌和舞蹈。这些变化，经常让我们惊喜不已。

我们全家非常感谢这段时间幼儿园对孩子的培养、老师对孩子的呵护，想借这封信来表达我们对幼儿园、对老师的感激之情，望园领导转达。

小六班周一父母
2021年12月28日

尊敬的名苑幼儿园小班的老师们：

您们好！名苑幼儿园开学之际，我忐忑地把孩子送到幼儿园带给老师，因为我的孩子丰同是一位自闭症儿童，他不会说话也不会表达，甚至大小便也不会示意大人。我以为孩子会被拒之门外，没有想到幼儿园排除万难，接纳了丰同……

丰同从第二天上幼儿园开始，就不再像第一天那样哭闹，每天排队进园的时候，会踩着小脚翘首期盼，看到他们班的老师，就要老师抱抱，抱了一次还不够，又要抱第二次、第三次。丰同虽然是一位自闭症儿童，但他有亲疏观念。看到这一幕，我就知道，幼儿园里的老师一定对他很好，他才会这样表现。

我们这个片区孩子很多,老师们的工作量很大,但为了照顾丰同,幼儿园每天都有专门老师看护。我们家长很感激,您们待丰同就像待自己家的孩子一样。

丰同吃饭的时候会把食物掉得哪里都是,但把孩子接回家的时候,看到他全身上下一个饭粒都没有,我知道一定是老师给他擦干净了。有时候赶上丰同大便,老师还会亲自帮他清理。我知道这些工作不是说说而已,是付出了辛苦,孩子才会这么干净整洁。

丰同在幼儿园的生活已经有一个学期了,这个学期我惊喜地发现他会张着小手求抱抱;在进入淘气堡的时候会自己脱鞋,这些都是老师在幼儿园里教的。老师很有耐心,丰同的每一点进步的背后都是老师付出的巨大努力,我们由衷地感谢老师们这样负责、无私奉献的照顾、爱护,这是我们全家的幸运。我们全家非常感谢名苑幼儿园的老师们对丰同在园期间的关心、照顾,同时,也感谢校长领导能培养出如此出色的幼师团队,对贵园为教育事业做出的贡献表示由衷的感谢!

丰同、丰瑶家长
2021 年 12 月 31 日

尊敬的名苑幼儿园老师及工作人员:

在充满爱心和智慧的老师们的关爱下,小五班小峦在疫情期间度过了一个丰富多彩、开心快乐、安全舒适的学期。作为家长,我想用"心、辛、欣、信"来表达发自肺腑的感谢。

耐心、细心：从刚入园时的哇声一片到一学期后的基本自理，从抵触上学到热切期待，从羞于表达到唱跳自如，从不睡午觉到逐渐养成习惯……老师们用爱心和责任心引导着孩子的每一次成长变化，每一个环节和细节都倾注了老师们的耐心、细心。

辛勤，辛苦：疫情给幼儿园增加成倍的工作量，既要保证教学，又要保证防疫，纵使辛苦劳累，老师们也总是以最好的状态面对幼儿和家长。

欣慰，欣喜：每次送入园，看到井然有序的队伍、严格的信息核查、细心的健康状况登记提醒、充满笑容的老师、严肃又和蔼的保安大叔等等，作为家长的我们内心感到无比的欣慰。每次接放学，看到幼儿充满期待而欣喜的眼神、阳光的笑容，我知道他今天一定过得很开心。

信任，信服：从第一次入园介绍到日常幼儿园平台的互动，从刚入园幼儿的陌生到老师在其心目中不可动摇的地位，家长与老师、幼儿与老师之间都建立了充分的信任，从信任到信服。

心有爱、教有章、树良习、育有方。

感谢小五班老师和所有工作人员，祝新年快乐、工作顺利、万事如意。

小五班小峦家长
2022年1月1日

尊敬的幼儿园园长，尊敬的各位小三班老师：

您们好！我是名苑幼儿园小三班晨熙的家长，今天是怀着一颗十分感激之心给您们写这封信的。

　　和大多数家长一样,在孩子入园前,作为孩子的家长,我也同样感到十分的困惑、焦虑,甚至不安,因为幼儿园是孩子与外界、与社会接触的第一步,不清楚该如何帮孩子走好这关键的一步,不知道这小小的身躯直到一个陌生的环境该是如何面对。

　　所幸的是我们选择了一个很优秀的幼儿园,分到了一个很优秀的班级,遇到了名苑很优秀的赵老师、郭老师、高老师以及其他老师们。在老师们的耐心照顾和细心呵护下,晨熙取得了突飞猛进的进步,突然间长大了很多、外向了很多、开朗了很多、懂事了很多。晨熙由开始的不适应、吃饭不多、睡觉默默地抽泣到现在的吃得好睡得香;由刚开始放学后一问三不答只爱傻笑到现在主动和我们分享一些幼儿园的趣事,分享老师说过的话,分享看哪个小同学淘气不睡觉挨老师批评,分享和哪个小朋友一起玩了什么,分享着一首首新学的歌曲、舞蹈、游戏,回家还喊着爸爸妈妈一起做游戏一起学做操的动作;由开始的需要我们陪着去大小便、穿脱衣服鞋帽到现在的更多时候自己可以独立完成;由开始的入园前总是询问家长什么时候放学到现在每天早上催着大人"快点出门了,别迟到了"。

　　通过孩子的点点滴滴、只言片语和每天放学后的神情、状态,通过孩子刚过周末就念叨着"下周一可要继续努力了哦!"我们渐渐知道,孩子已经逐步适应了幼儿园的生活并逐渐爱上了小三班,喜欢上了赵老师(家里用乐高搭建高楼都不忘给孩子心心念念的老师留一层住处)、高老师、郭老师和他的小伙伴们。

　　在这里,我由衷感谢幼儿园小三班赵老师、高老师、郭老师及其他教育过、关心过、帮助过孩子的老师们！感谢园长领导出这样出色的幼儿园！有了您们，我们看到了孩子美好的未来！再一次向您们道一声：老师，您们辛苦了！衷心地祝福所有老师们一生平安，新春快乐！

小三班晨熙家长
2022 年 1 月 10 日

小二班王老师、赵老师、刘老师：

您们好！我是悦怿的家长，在写这封感谢信的时候，我的脑海里满是悦怿成长的点点滴滴。入园前她是一个任性、娇气、不懂事的小丫头，经过一个学期的学习生活和集体融入，她较入园前有了很大改变和进步，我们作为家长也见证了这种蜕变，看到她能主动用勺子吃饭，主动穿衣服，自己的事情能自己做，懂得好东西要分享……这与三位老师循循善诱的教导分不开，在收到即将开学的通知后，我第一时间告诉了我的孩子，她听到后非常高兴，高兴的是又能与老师、小朋友们在一起学习生活了。

在上个学期孩子病假时间较长，班主任王老师和赵老师、刘老师一直惦记并给予关怀问候，特别是王老师多次与家长沟通询问孩子的身体情况……每每想起我们家长心里就流过一股暖流。最后，我们衷心感谢小二班的全体老师！

顺祝时祺。祝福年轻、美丽、漂亮的老师们新的一年工作顺利、身体健康、万事如意。

小二班悦怿家长
2022 年 3 月

尊敬的鲁老师：

　　您好！小十班嘉淳入园已经有一周的时间了。短短的几天，孩子很快适应了新的环境，生活作息和自理能力方面都有很大的进步和改善，逐步养成了良好的生活习惯。孩子的成长离不开老师的照顾关爱和辛勤培养。再次向鲁老师致以最衷心的感谢！

　　此致
敬礼！

小十班嘉淳家长

名苑幼儿园小十班：

　　嘉淳入园以来很快适应了新的环境。作为家长切实感觉到了幼儿园的井然有序，老师们的和蔼可亲。每天老师及时的反映，使家长对孩子们的生活情况一目了然，体现了名苑幼儿园的精细化高效管理和治理有方的领导。在此向名苑幼儿园小十班老师和园领导致以最衷心的感谢！

　　此致
敬礼！

小十班嘉淳家长
2023年10月

尊敬的名苑幼儿园小十一班老师们：

  我代表果果的家长，向您们表达深深的感谢！您们的辛勤工作和无私奉献，使得我们的孩子在这里得到了全面的发展和优质的教育，让我们家长既放心又开心。我作为妈妈，因为工作原因，长期在外地工作，孩子的爸爸日常工作也很繁忙，工作日对孩子的成长指导非常有限。马老师了解到我们的情况后，就经常利用工作以外的个人时间，与我们沟通孩子日常的表现和出现的问题，并交流科学的育儿方法，让我们非常感动。比如，针对孩子不爱吃饭的难题，马老师让我们带着孩子亲自去超市，认识并购买孩子喜欢的食材，既增长了孩子的生活常识，又激发了孩子的食欲，一举多得，取得了非常好的效果。再比如，针对孩子爱哭的问题，马老师也教给我们科学的方法去纠正，并耐心地与家里老人沟通，不断培育孩子坚韧的性格。同时，小十一班的老师们也非常关注孩子的健康，遇到孩子生病，老师们非常有爱心和耐心，就像对待自己的孩子一样去关爱生病的孩子；孩子有时裤子尿湿了，老师们也一点不嫌弃，帮孩子洗干净，并及时换上新的衣服。我们非常感谢您们在孩子成长道路上所做的一切。您们的付出，我们家长看在眼里，记在心里。我们会继续与老师们一起为孩子的成长努力。再次向小十一班的老师们表达我们最诚挚的感谢！值此新年即将到来之际，祝愿您们身体健康，工作顺利！

屹然的家长
2023 年 12 月 21 日

三、平台留言

（一）分离焦虑 —— 日常

恩卓妈妈：李老师，您好，感谢您的辛苦付出！不知道恩卓今天半天的表现如何？孩子回来说做了小火车的游戏，吃了米饭、鸡蛋，这些是原来在家从没说过的，看来幼儿园真的很锻炼孩子。您和老师们都辛苦啦！

可可妈妈：收到，太有爱啦、感谢老师的照顾、可可回来说超级喜欢幼儿园的，很喜欢幼儿园老师，还有好吃的肉。

诗棠妈妈：真是太辛苦您啦！孩子之前没有午睡的习惯，而且今天第一天整天，肯定会有点小情绪……感谢老师的耐心。

怡君妈妈：老师们，您们好，虽然您们只接手了孩子短短一周，可孩子的变化我却看在眼里，从每天上学抵触哭泣，到主动积极去幼儿园。感谢您的耐心引导，祝您教师节快乐，工作顺利，生活美满！

悦琪妈妈：好嘞，收到。辛苦老师每天中午给孩子扎漂亮的小辫子！孩子很喜欢上幼儿园，喜欢老师，喜欢班上的小朋友。这两天生病在家，哭着说想去幼儿园。悦琪病还没好利落，明天还得请假，希望她能早点回去幼儿园，回到小八班。

正妍妈妈：谢谢老师！孩子回来就跟我们说幼儿园的饭好吃，还给酸奶和山楂片。老师带着她玩小火车，还弹了钢琴，玩了跳圈游戏。孩子很开心。感谢幼儿园的用心，老师们也费心了。我们一定积极鼓励她。有问您随时跟我沟通。

（二）分离焦虑 —— 活动

乐君妈妈：老师好，我已经和乐乐一起观看了10月的秋日活动集锦。我看了后觉得小朋友的在校生活非常丰富多彩，学到了很多知识和技能。乐乐虽然在幼儿园不爱表达，但是每天回家都会和我讲幼儿园的活动。他看了后又开始回忆大家怎么做树叶贴画，还给我唱了表演的歌曲，还讲了每个班不同的演出服装。感觉到他参加这些活动真的很有意思，也越来越熟悉班级的同学。期望学校和班级也能继续组织一些和季节、节日的活动，小朋友的手工作品展览也是一个很好的方式。期待丰富多彩的幼儿园活动日！

嘉一妈妈：这是孩子进入幼儿园第一个元旦节日，家长们看到孩子收获满满，阳光自信。剪窗花游戏中，一幅幅漂亮带着美好心愿的红色窗花从孩子们手中诞生；孩子们载歌载舞，吟诵古诗，歌唱《新年好》；最后还送上了对父母和家人的祝福。很感谢幼儿园鲁老师、琳琳老师和依依老师的辛勤付出和耐心指导。

宸睿妈妈：我们家宸睿特别喜欢幼儿园的活动，也特别喜欢老师，每天回来跟我们分享，有时候也会把画过的画，做过的手工回家再演绎一遍。孩子们学了不少本事。

（三）分离焦虑 —— 进步

思桐妈妈：时间过得真快，转眼间小思桐已经入园两个半月了。看到她一点一滴进步，我们特别欣慰。通过参加幼儿园的观摩课，零距离接触到小朋友们自信、独立、井井有条的生活，从午餐前先排队上洗手间、洗手、取饭，到自主进食、擦嘴、送餐盘餐碗、漱口、脱衣、睡觉，都能感受到老师们为教导孩子们辛苦的付出，同时也感受到咱们小三班快乐的氛围，看着小朋友们听着老师的口令，和老师一起说歌谣、开心互动的样子，看到这些，我的内心感慨万千。自己的小宝贝，吃得好，玩得好，心情美美的，完全不是那个在父母身边，要喂饭要抱抱的小朋友了。另外，通过秋收十月的活动，增强了孩子的动手能力，增强了孩子对自然现象的观察能力，也加强了孩子对食物来之不易的理解。孩子们的成长离不开几位老师给予的耐心和爱心。感谢老师们给孩子足够的爱！希望我们小三班能够越来越好！

庆科妈妈："名苑名苑我的家，老师老师像妈妈。"这是孩子回家时常挂在嘴边，吟唱的小小歌曲。开始上小班初期担心与孩子有分离焦虑，但是咱们名苑幼儿园不论在硬件幼儿设施上，还是教资团队方面，都帮助我们家长们解决这方面的担忧。从激发幼儿游戏兴趣，多重感官协同，帮助幼儿进一步从班级大团体中获得幸福感归属感，让孩子们充分体验与同学们合作的快乐。感谢名苑幼儿园，在庆科学习生活的这半年中，不仅孩子的独立性、自主性得到了明显的提升，作为家长的我也感受到孩子点点滴滴的成长，再次感谢名苑幼儿园！

书妍妈妈：谢谢杨老师的关照，这三天每天早上送她来幼儿园的时候，也是每天都有进步，今天早上都没有大哭大闹，主要是我自己内心坚定，上次组织家长会后，我对您特别有信心，对幼儿园也有了更深更细的了解，这些让我对您和幼儿园发自内心的喜欢，特别感谢您和梁老师赵老师的付出。书妍真是进步好大，这几天我问她，她说幼儿园好玩，她喜欢幼儿园，两个月，变化很大……十一过后那两周我问她幼儿园玩了什么吃了什么，她一个字也不说。现在她经常会在家唱唱儿歌，洗手的时候也唱洗手歌，也会说班里的小朋友，"小游哭了，因为她想妈妈了"，特别感谢杨老师。

第五章 专业篇

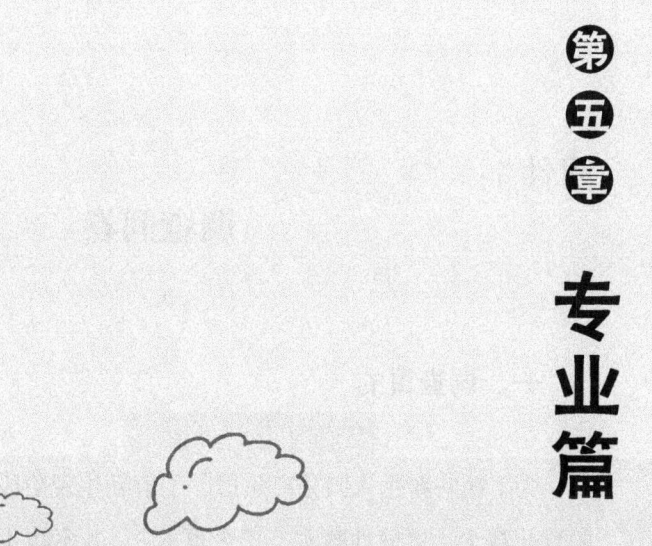

附件1：
调查问卷

一、调查目的

为了缓解新生入园分离焦虑、了解新生现阶段的发展水平、了解家长的育儿观念、更好地落实"三全育人"，名苑幼儿园结合以往新生入园阶段家长、幼儿、教师遇到的困惑问题，编制了《新生入园家园共育指导手册》，同时设计了幼儿发展测查调查问卷，帮助家长客观评估幼儿的阶段发展水平，有目的、有计划、有针对性地开展"三全育人"。

二、调查问卷

新生入园家长指导手册使用调查问卷

家长您好：

我园在入园前为每位家长发放了《新生入园家园共育指导手册》，同时附上幼儿现阶段发展评估调查问卷，请您根据现阶段幼儿实际情况进行填写，客观评估幼儿当前发展情况，以便有针对性地完善"三全育人"机制，助力幼儿平稳顺利衔接幼儿园集体生活，感谢您的支持与配合！

（一）幼儿基本情况

1.幼儿班级：

2.幼儿姓名：

3.出生年月：

4.日常看护人：□父母　□祖辈　□其他（填空：_____）

5.是否独生子女：□是　□否　如果选否跳转：一胎、二胎、三胎（选择）

6.幼儿本学期出勤情况：□出勤率高　□阶段性来园　□长期请假未来园

（二）手册使用情况

1.您是否阅读或使用《新生入园家长指导手册》？

□是（跳转第2题）

□否（填空：_____请您填写未阅读或使用的原因）

2.您认为是否有必要发放《新生入园家长指导手册》？

□非常有必要（填空：请叙述具体原因_____）

□有一定必要（填空：请叙述具体原因_____）

□没必要（填空：请叙述具体原因_____）

3.您在使用《新生入园家长指导手册》过程中是否遇到问题或困难？

□完全清楚如何使用，能够参考手册内容，提前为幼儿入园做准备

□大致清楚如何使用，能够对幼儿入园准备有所帮助

□不清楚如何使用，认为对幼儿入园准备没有帮助（设置跳转第三部分）

4.您认为《新生入园家长指导手册》在哪些方面有所帮助？（多选排序）

□能够提前了解幼儿园理念及管理

□能够激发幼儿对入园的积极情感

□能够提前培养幼儿生活习惯与自理能力（如进餐、饮水、如厕等）

□能够提前培养幼儿良好的倾听、表达和阅读习惯（如主动表达、阅读图书等）

□能够提前培养幼儿环境适应和人际交往能力（如情绪情感、交流交

往等）

　　□能够在入园前为家长提供培养幼儿习惯的具体方法

　　□能够帮助家长为幼儿入园做物质和精神准备提供方向

　　□其他方面（请注明：_____）

（三）现阶段幼儿发展情况：

1.生活习惯与自理能力

（1）能够保持规律的生活作息

　　□完全可以　　　　□不固定　　　　□加油努力

（2）能够按时、独立睡觉/午休

　　□独立完成　　　　□基本完成　　　　□加油努力

（3）能够按时起床

　　□独立完成　　　　□基本完成　　　　□加油努力

（4）能够主动礼貌问好

　　□独立完成　　　　□基本完成　　　　□加油努力

（5）知道自己的性别

　　□知道　　　　　　□需要提示　　　　□不知道

（6）能够主动表达自己的如厕需求

　　□独立完成　　　　□基本完成　　　　□加油努力

（7）能够独立如厕、穿脱裤子、整理衣服

　　□独立完成　　　　□基本完成　　　　□加油努力

（8）能够掌握便后擦屁股的正确方法

　　□独立完成　　　　□基本完成　　　　□加油努力

（9）能够有序穿衣及整理衣服

　　□独立完成　　　　□基本完成　　　　□加油努力

（10）知道保护牙齿，能够早晚刷牙

　　□独立完成　　　　□基本完成　　　　□加油努力

（11）掌握正确的洗脸方法

　　□独立完成　　　　□基本完成　　　　□加油努力

（12）能够用正确的方法洗手、擦手

　　□独立完成　　　　□基本完成　　　　□加油努力

（13）能够用正确的方法擦鼻涕

　　□独立完成　　　　□基本完成　　　　□加油努力

（14）能够自主饮水，喜欢饮用白开水

　　□独立完成　　　　□基本完成　　　　□加油努力

（15）能够平稳拿水杯喝水

　　□独立完成　　　　□基本完成　　　　□加油努力

（16）能够养成餐前洗手、进餐时坐姿正确的好习惯

　　□独立完成　　　　□基本完成　　　　□加油努力

（17）能够在固定位置就餐

　　□独立完成　　　　□基本完成　　　　□加油努力

（18）能够正确使用餐具

　　□独立完成　　　　□基本完成　　　　□加油努力

（19）进餐时长能够在20分钟左右

　　□独立完成　　　　□基本完成　　　　□加油努力

（20）能够掌握正确咀嚼的方法

　　□独立完成　　　　□基本完成　　　　□加油努力

（21）能够搭配进餐、不挑食

　　□独立完成　　　　□基本完成　　　　□加油努力

（22）餐后能够整理餐桌、垃圾分类，并将餐具放回指定位置

　　□独立完成　　　　□基本完成　　　　□加油努力

（23）进餐后能够用正确方法擦嘴、漱口

　　□独立完成　　　　□基本完成　　　　□加油努力

（24）能够自己取水果，并剥果皮

□独立完成　　　　□基本完成　　　　□加油努力

（25）游戏后能够将自己的玩具收回原处，养成物品归位的好习惯

□独立完成　　　　□基本完成　　　　□加油努力

2. 良好的倾听、表达和阅读习惯

（1）能够专注倾听他人讲话，能听懂日常用语

□独立完成　　　　□基本完成　　　　□加油努力

（2）愿意讲话，并能主动、清楚地进行表达

□独立完成　　　　□基本完成　　　　□加油努力

（3）喜欢听故事、看图书，初步理解故事内容

□独立完成　　　　□基本完成　　　　□加油努力

（4）喜欢用涂涂画画的方式进行书面表达

□独立完成　　　　□基本完成　　　　□加油努力

（5）知道自己的姓名、年龄

□独立完成　　　　□基本完成　　　　□加油努力

3. 环境适应和人际交往

（1）愿意和同伴一起游戏，并能主动交流

□非常愿意　　　　□需要成人帮助　　　□不愿意

（2）愿意和熟悉的成人、长辈一起活动

□非常愿意　　　　□需要成人帮助　　　□不愿意

（3）愿意参与集体活动

□非常愿意　　　　□需要成人帮助　　　□不愿意

（4）能够关心尊重他人

□非常愿意　　　　□需要成人帮助　　　□不愿意

（5）对幼儿园生活感兴趣

□非常喜欢幼儿园　□需要成人帮助　　　□不感兴趣

（6）知道不做危险的事情，有初步自我保护意识

☐独立完成　　　　☐基本完成　　　　☐加油努力

（7）能够了解公共场所的基本规则，爱护环境及物品

☐独立完成　　　　☐基本完成　　　　☐加油努力

（四）意见建议

1.为了进一步提升衔接教育质量，您还希望指导手册丰富哪些内容？

2.使用《新生入园家长指导手册》您有哪些感受或者建议？

温馨提示

请您根据幼儿情况进行填写，感谢您的支持与配合！

名苑幼儿园小班部
2023年12月

附件2：
3—6岁儿童学习与发展指南

中华人民共和国教育部
2012年10月

说　明

一、为深入贯彻《国家中长期教育改革和发展规划纲要（2010—2020年）》和《国务院关于当前发展学前教育的若干意见》（国发〔2010〕41号），指导幼儿园和家庭实施科学的保育和教育，促进幼儿身心全面和谐发展，制定《3—6岁儿童学习与发展指南》（以下简称《指南》）。

二、《指南》以为幼儿后继学习和终身发展奠定良好素质基础为目标，以促进幼儿体、智、德、美各方面的协调发展为核心，通过提出3—6岁各年龄段儿童学习与发展目标和相应的教育建议，帮助幼儿园教师和家长了解3—6岁幼儿学习与发展的基本规律和特点，建立对幼儿发展的合理期望，实施科学的保育和教育，让幼儿度过快乐而有意义的童年。

三、《指南》从健康、语言、社会、科学、艺术五个领域描述幼儿的学习与发展。每个领域按照幼儿学习与发展最基本、最重要的内容划分为若干方面。每个方面由学习与发展目标和教育建议两部分组成。

目标部分分别对3～4岁、4～5岁、5～6岁三个年龄段末期幼儿应该知道什么、能做什么，大致可以达到什么发展水平提出了合理期望，指明了幼儿学习与发展的具体方向；教育建议部分列举了一些能够有效帮助和促进幼儿学习与发展的教育途径与方法。

四、实施《指南》应把握以下几个方面：

1.关注幼儿学习与发展的整体性。儿童的发展是一个整体，要注重领域之间、目标之间的相互渗透和整合，促进幼儿身心全面协调发展，而不应片面追求某一方面或几方面的发展。

2.尊重幼儿发展的个体差异。幼儿的发展是一个持续、渐进的过程，同时也表现出一定的阶段性特征。每个幼儿在沿着相似进程发展的过程中，各自的发展速度和到达某一水平的时间不完全相同。要充分理解和尊重幼儿发展进程中的个别差异，支持和引导他们从原有水平向更高水平发展，按照自身的速度和方式到达《指南》所呈现的发展"阶梯"，切忌用一把"尺子"衡量所有幼儿。

3.理解幼儿的学习方式和特点。幼儿的学习是以直接经验为基础，在游戏和日常生活中进行的。要珍视游戏和生活的独特价值，创设丰富的教育环境，合理安排一日生活，最大限度地支持和满足幼儿通过直接感知、实际操作和亲身体验获取经验的需要，严禁"拔苗助长"式的超前教育和强化训练。

4.重视幼儿的学习品质。幼儿在活动过程中表现出的积极态度和良好行为倾向是终身学习与发展所必需的宝贵品质。要充分尊重和保护幼儿的好奇心和学习兴趣，帮助幼儿逐步养成积极主动、认真专注、不怕困难、敢于探究和尝试、乐于想象和创造等良好学习品质。忽视幼儿学习品质培养，单纯追求知识技能学习的做法是短视而有害的。

第一节 健康

健康是指人在身体、心理和社会适应方面的良好状态。幼儿阶段是儿童身体发育和机能发展极为迅速的时期，也是形成安全感和乐观态度的重要阶段。发育良好的身体、愉快的情绪、强健的体质、协调的动作、良好的生活习惯和基本生活能力是幼儿身心健康的重要标志，也是其他领域学习与发展的基础。

为有效促进幼儿身心健康发展，成人应为幼儿提供合理均衡的营养，保证充足的睡眠和适宜的锻炼，满足幼儿生长发育的需要；创设温馨的人际环境，让幼儿充分感受到亲情和关爱，形成积极稳定的情绪情感；帮助幼儿养成良好的生活与卫生习惯，提高自我保护能力，形成使其终身受益的生活能力和文明生活方式。

幼儿身心发育尚未成熟，需要成人的精心呵护和照顾，但不宜过度保护和包办代替，以免剥夺幼儿自主学习的机会，养成过度依赖的不良习惯，影响其主动性、独立性的发展。

（一）身心状况

目标1 具有健康的体态

3～4岁	4～5岁	5～6岁
身高和体重适宜。参考标准： 男孩 身高：94.9 — 111.7厘米 体重：12.7 — 21.2公斤 女孩 身高：94.1 — 111.3厘米 体重：12.3 — 21.5公斤 在提醒下能自然坐直、站直。	身高和体重适宜。参考标准： 男孩 身高：100.7 — 119.2厘米 体重：14.1 — 24.2公斤 女孩 身高：99.9 — 118.9厘米 体重：13.7 — 24.9公斤 在提醒下能保持正确的站、坐和行走姿势。	身高和体重适宜。参考标准： 男孩 身高：106.1 — 125.8厘米 体重：15.9 — 27.1公斤 女孩： 身高：104.9 — 125.4厘米 体重：15.3 — 27.8公斤 经常保持正确的站、坐和行走姿势。

注：身高和体重数据来源：《2006年世界卫生组织儿童生长标准》4—6周岁儿童身高和体重的参考数据。

教育建议：

1.为幼儿提供营养丰富、健康的饮食。如：

参照《中国孕期、哺乳期妇女和0～6岁儿童膳食指南》，为幼儿提供谷物、蔬菜、水果、肉、奶、蛋、豆制品等多样化的食物，均衡搭配。

烹调方式要科学，尽量少煎炸、烧烤、腌制。

2.保证幼儿每天睡11～12小时，其中午睡一般应达到2小时左右。午睡时间可根据幼儿的年龄、季节的变化和个体差异适当调整。

3.注意幼儿的体态，帮助他们形成正确的姿势。如：

提醒幼儿要保持正确的站、坐、走姿势；发现有八字脚、罗圈腿、驼背等骨骼发育异常的情况，应及时就医矫治。

桌、椅和床要合适。椅子的高度以幼儿写画时双脚能自然着地、大腿基本保持水平状为宜；桌子的高度以写画时身体能坐直，不驼背、不耸肩为宜；床不宜过软。

4.每年为幼儿进行健康检查。

目标2　情绪安定愉快

3～4岁	4～5岁	5～6岁
1.情绪比较稳定，很少因一点小事哭闹不止。 2.有比较强烈的情绪反应时，能在成人的安抚下逐渐平静下来。	1.经常保持愉快的情绪，不高兴时能较快缓解。 2.有比较强烈情绪反应时，能在成人提醒下逐渐平静下来。 3.愿意把自己的情绪告诉亲近的人，一起分享快乐或求得安慰。	1.经常保持愉快的情绪。知道引起自己某种情绪的原因，并努力缓解。 2.表达情绪的方式比较适度，不乱发脾气。 3.能随着活动的需要转换情绪和注意。

教育建议：

1.营造温暖、轻松的心理环境，让幼儿形成安全感和信赖感。如：

保持良好的情绪状态，以积极、愉快的情绪影响幼儿。

以欣赏的态度对待幼儿。注意发现幼儿的优点，接纳他们的个体差异，不简单与同伴做横向比较。

幼儿做错事时要冷静处理，不厉声斥责，更不能打骂。

2.帮助幼儿学会恰当表达和调控情绪。如：

成人用恰当的方式表达情绪，为幼儿做出榜样。如，生气时不乱发脾气，不迁怒于人。

成人和幼儿一起谈论自己高兴或生气的事，鼓励幼儿与人分享自己的情绪。

允许幼儿表达自己的情绪，并给予适当的引导。如幼儿发脾气时不硬性压制，等其平静后告诉他什么行为是可以接受的。

发现幼儿不高兴时，主动询问情况，帮助他们化解消极情绪。

目标3　具有一定的适应能力

3～4岁	4～5岁	5～6岁
1.能在较热或较冷的户外环境中活动。 2.换新环境时情绪能较快稳定，睡眠、饮食基本正常。 3.在帮助下能较快适应集体生活。	1.能在较热或较冷的户外环境中连续活动半小时左右。 2.换新环境时较少出现身体不适。 3.能较快适应人际环境中发生的变化。如换了新老师能较快适应。	1.能在较热或较冷的户外环境中连续活动半小时以上。 2.天气变化时较少感冒，能适应车、船等交通工具造成的轻微颠簸。 3.能较快融入新的人际关系环境。如换了新的幼儿园或班级能较快适应。

教育建议：

1.保证幼儿的户外活动时间，提高幼儿适应季节变化的能力。

幼儿每天的户外活动时间一般不少于两小时，其中体育活动时间不少于1小时，季节交替时要坚持。

气温过热或过冷的季节或地区应因地制宜，选择温度适当的时间段开展户外活动，也可根据气温的变化和幼儿的个体差异，适当减少活动的时间。

2.经常与幼儿玩拉手转圈、秋千、转椅等游戏活动，让幼儿适应轻微的摆动、颠簸、旋转，促进其平衡机能的发展。

3.锻炼幼儿适应生活环境变化的能力。如：

注意观察幼儿在新环境中的饮食、睡眠、游戏等方面的情况，采取相应的措施帮助他们尽快适应新环境。

经常带幼儿接触不同的人际环境，如参加亲戚朋友聚会，多和不熟悉的小朋友玩，使幼儿较快适应新的人际关系。

（二）动作发展

目标1　具有一定的平衡能力，动作协调、灵敏

3～4岁	4～5岁	5～6岁
1.能沿地面直线或在较窄的低矮物体上走一段距离。 2.能双脚灵活交替上下楼梯。 3.能身体平稳地双脚连续向前跳。 4.分散跑时能躲避他人的碰撞。 5.能双手向上抛球。	1.能在较窄的低矮物体上平稳地走一段距离。 2.能以匍匐、膝盖悬空等多种方式钻爬。 3.能助跑跨跳过一定距离，或助跑跨跳过一定高度的物体。 4.能与他人玩追逐、躲闪跑的游戏。 5.能连续自抛自接球。	1.能在斜坡、荡桥和有一定间隔的物体上较平稳地行走。 2.能以手脚并用的方式安全地爬攀登架、网等。 3.能连续跳绳。 4.能躲避他人滚过来的球或扔过来的沙包。 5.能连续拍球。

教育建议：

1.利用多种活动发展身体平衡和协调能力。如：

走平衡木，或沿着地面直线、田埂行走。

玩跳房子、踢毽子、蒙眼走路、踩小高跷等游戏活动。

2.发展幼儿动作的协调性和灵活性。如：

鼓励幼儿进行跑跳、钻爬、攀登、投掷、拍球等活动。

玩跳竹竿、滚铁环等传统体育游戏。

3.对于拍球、跳绳等技能性活动，不要过于要求数量，更不能机械训练。

4.结合活动内容对幼儿进行安全教育,注重在活动中培养幼儿的自我保护能力。

目标2　具有一定的力量和耐力

3～4岁	4～5岁	5～6岁
1.能双手抓杠悬空吊起10秒左右。 2.能单手将沙包向前投掷2米左右。 3.能单脚连续向前跳2米右。 4.能快跑15米左右。 5.能行走1公里左右(途中可适当停歇)。	1.能双手抓杠悬空吊起15秒左右。 2.能单手将沙包向前投掷4米左右。 3.能单脚连续向前跳5米左右。 4.能快跑20米左右。 5.能连续行走1.5公里左右(途中可适当停歇)。	能双手抓杠悬空 吊起20秒左右。 能单手将沙包向前投掷5米左右。 能单脚连续向前跳8米左右。 能快跑25米左右。 能连续行走1.5公里以上(途中可适当停歇)。

教育建议:

开展丰富多样、适合幼儿年龄特点的各种身体活动,如走、跑、跳、攀、爬等,鼓励幼儿坚持下来,不怕累。

日常生活中鼓励幼儿多走路、少坐车;自己上下楼梯、自己背包。

目标3　手的动作灵活协调

3～4岁	4～5岁	5～6岁
能用笔涂涂画画。 能熟练地用勺子吃饭。 能用剪刀沿直线剪,边线基本吻合。	1.能沿边线较直地画出简单图形,或能边线基本对齐地折纸。 2.会用筷子吃饭。 3.能沿轮廓线剪出由直线构成的简单图形,边线吻合。	1.能根据需要画出图形,线条基本平滑。 2.能熟练使用筷子。 3.能沿轮廓线剪出由曲线构成的简单图形,边线吻合且平滑。 4.能使用简单的劳动工具或用具。

教育建议:

1.创造条件和机会,促进幼儿手的动作灵活协调。如:

提供画笔、剪刀、纸张、泥团等工具和材料，或充分利用各种自然、废旧材料和常见物品，让幼儿进行画、剪、折、粘等美工活动。

引导幼儿生活自理或参与家务劳动，发展其手部动作。如练习自己用筷子吃饭、扣扣子，帮助家人择菜叶、做面食等。

幼儿园在布置娃娃家、商店等活动区时，多提供原材料和半成品，让幼儿有更多机会参与制作活动。

2.引导幼儿注意活动安全。如：

为幼儿提供的塑料粒、珠子等活动材料要足够大，材质要安全，以免造成异物进入气管、铅中毒等伤害。给幼儿提供安全剪刀，为幼儿示范拿筷子、握笔的正确姿势以及使用剪刀、锤子等工具的方法。

提醒幼儿不要拿剪刀等锋利工具玩耍，用完后要放回原处。

（三）生活习惯与生活能力

目标1　具有良好的生活与卫生习惯

3～4岁	4～5岁	5～6岁
1.在提醒下，按时睡觉和起床，并能坚持午睡。 2.喜欢参加体育活动。 3.在引导下，不偏食、挑食。喜欢吃瓜果、蔬菜等新鲜食品。 4.愿意饮用白开水，不贪喝饮料。 5.不用脏手揉眼睛，连续看电视等不超过15分钟。 6.在提醒下，每天早晚刷牙、饭前便后洗手。	1.每天按时睡觉和起床，并能坚持午睡。 2.喜欢参加体育活动。 3.不偏食、挑食，不暴饮暴食。喜欢吃瓜果、蔬菜等新鲜食品。 4.常喝白开水，不贪喝饮料。 5.知道保护眼睛，不在光线过强或过暗的地方看书，连续看电视等不超过20分钟。 6.每天早晚刷牙、饭前便后洗手，方法基本正确。	1.养成每天按时睡觉和起床的习惯。 2.能主动参加体育活动。 3.吃东西时细嚼慢咽。 4.主动饮用白开水，不贪喝饮料。 5.主动保护眼睛。不在光线过强或过暗的地方看书，连续看电视等不超过30分钟。 6.每天早晚主动刷牙，饭前便后主动洗手，方法正确。

教育建议：

1.让幼儿保持规律地生活，养成良好的作息习惯。如：早睡早起、每天午睡、按时进餐、吃好早餐等。

2.帮助幼儿养成良好的饮食习惯。如：

合理安排餐点，帮助幼儿养成定点、定时、定量进餐的习惯。

帮助幼儿了解食物的营养价值，引导他们不偏食不挑食、少吃或不吃不利于健康的食品；多喝白开水，少喝饮料。

吃饭时不过分催促，提醒幼儿细嚼慢咽，不要边吃边玩。

3.帮助幼儿养成良好的个人卫生习惯。如：

早晚刷牙、饭后漱口。

勤为幼儿洗澡、换衣服、剪指甲。

提醒幼儿保护五官，如不乱挖耳朵、鼻孔，看电视时保持3米左右的距离等。

4.激发幼儿参加体育活动的兴趣，养成锻炼的习惯。如：

为幼儿准备多种体育活动材料，鼓励他选择自己喜欢的材料开展活动。

经常和幼儿一起在户外运动和游戏，鼓励幼儿和同伴一起开展体育活动。

和幼儿一起观看体育比赛或有关体育赛事的电视节目，培养他对体育活动的兴趣。

目标2　具有基本的生活自理能力

3～4岁	4～5岁	5～6岁
1.在帮助下能穿脱衣服和鞋袜。 2.能将玩具和图书放回原处。	1.能自己穿脱衣服、鞋袜、扣纽扣。 2.能整理自己的物品。	知道根据冷热增减衣服。 会自己系鞋带。 能按类别整理好自己的物品。

教育建议：

1.鼓励幼儿做力所能及的事情，对幼儿的尝试与努力给予肯定，不因做不好或做得慢而包办代替。

2.指导幼儿学习和掌握生活自理的基本方法，如穿脱衣服和鞋袜、洗手洗脸、擦鼻涕、擦屁股的正确方法。

3.提供有利于幼儿生活自理的条件。如：

提供一些纸箱、盒子，供幼儿收拾和存放自己的玩具、图书或生活用品等。

幼儿的衣服、鞋子等要简单实用，便于幼儿穿脱。

目标3 具备基本的安全知识和自我保护能力

3～4岁	4～5岁	5～6岁
1.不吃陌生人给的东西，不跟陌生人走。 2.在提醒下能注意安全，不做危险的事。 3.在公共场所走失时，能向警察或有关人员说出自己和家长的名字、电话号码等简单信息。	1.知道在公共场合不远离成人的视线单独活动。 2.认识常见的安全标志，能遵守安全规则。 3.运动时能主动躲避危险。 4.知道简单的求助方式。	1.未经成人允许不给陌生人开门。 2.能自觉遵守基本的安全规则和交通规则。 3.运动时能注意安全，不给他人造成危险。 4.知道一些基本的防灾知识。

教育建议：

1.创设安全的生活环境，提供必要的保护措施。如：

要把热水瓶、药品、火柴、刀具等物品放到幼儿够不到的地方；阳台或窗台要有安全防护设施；要使用安全的电源插座等。

在公共场所要注意照看好幼儿；幼儿乘车、乘电梯时要有成人陪伴；不把幼儿单独留在家里或汽车里等。

2.结合生活实际对幼儿进行安全教育。如：

外出时，提醒幼儿要紧跟成人，不远离成人的视线，不跟陌生人走，不吃陌生人给的东西；不在河边和马路边玩耍；要遵守交通规则等。

帮助幼儿了解周围环境中不安全的事物，不做危险的事。如不动热水壶，不玩火柴或打火机，不摸电源插座，不攀爬窗户或阳台等。

帮助幼儿认识常见的安全标识,如:小心触电、小心有毒、禁止下河游泳、紧急出口等。

告诉幼儿不允许别人触摸自己的隐私部位。

3.教给幼儿简单的自救和求救的方法。如:

记住自己家庭的住址、电话号码、父母的姓名和单位,一旦走失时知道向成人求助,并能提供必要信息。

遇到火灾或其他紧急情况时,知道要拨打110、120、119等求救电话。

可利用图书、音像等材料对幼儿进行逃生和求救方面的教育,并运用游戏方式模拟练习。

幼儿园应定期进行火灾、地震等自然灾害的逃生演习。

第二节　语言

语言是交流和思维的工具。幼儿期是语言发展，特别是口语发展的重要时期。幼儿语言的发展贯穿于各个领域，也对其他领域的学习与发展有着重要的影响：幼儿在运用语言进行交流的同时，也在发展着人际交往能力、理解他人和判断交往情境的能力、组织自己思想的能力。通过语言获取信息，幼儿的学习逐步超越个体的直接感知。

幼儿的语言能力是在交流和运用的过程中发展起来的。应为幼儿创设自由、宽松的语言交往环境，鼓励和支持幼儿与成人、同伴交流，让幼儿想说、敢说、喜欢说并能得到积极回应。为幼儿提供丰富、适宜的低幼读物，经常和幼儿一起看图书、讲故事，丰富其语言表达能力，培养阅读兴趣和良好的阅读习惯，进一步拓展学习经验。

幼儿的语言学习需要相应的社会经验支持，应通过多种活动扩展幼儿的生活经验，丰富语言的内容，增强理解和表达能力。应在生活情境和阅读活动中引导幼儿自然而然地产生对文字的兴趣，用机械记忆和强化训练的方式让幼儿过早识字不符合其学习特点和接受能力。

（一）倾听与表达

目标1　认真听并能听懂常用语言

3～4岁	4～5岁	5～6岁
1.别人对自己说话时能注意听并做出回应。 2.能听懂日常会话。	1.在群体中能有意识地听与自己有关的信息。 2.能结合情境感受到不同语气、语调所表达的不同意思。 3.方言地区和少数民族幼儿能基本听懂普通话。	1.在集体中能注意听老师或其他人讲话。 2.听不懂或有疑问时能主动提问。 3.能结合情境理解一些表示因果、假设等相对复杂的句子。

教育建议：

1.多给幼儿提供倾听和交谈的机会。如：经常和幼儿一起谈论他感兴趣的话题，或一起看图书、讲故事。

2.引导幼儿学会认真倾听。如：

成人要耐心倾听别人（包括幼儿）的讲话，等别人讲完再表达自己的观点。

与幼儿交谈时，要用幼儿能听得懂的语言。

对幼儿提要求和布置任务时要求他注意听，鼓励他主动提问。

3.对幼儿讲话时，注意结合情境使用丰富的语言，以便于幼儿理解。如：

说话时注意语气、语调，让幼儿感受语气、语调的作用。如对幼儿的不合理要求以比较坚定的语气表示不同意；讲故事时，尽量把故事人物高兴、悲伤的心情用不同的语气、语调表现出来。

根据幼儿的理解水平有意识地使用一些反映因果、假设、条件等关系的句子。

目标2 愿意讲话并能清楚地表达

3～4岁	4～5岁	5～6岁
1.愿意在熟悉的人面前说话，能大方地与人打招呼。 2.基本会说本民族或本地区的语言。 3.愿意表达自己的需要和想法，必要时能配以手势动作。 4.能口齿清楚地说儿歌、童谣或复述简短的故事。	1.愿意与他人交谈，喜欢谈论自己感兴趣的话题。 2.会说本民族或本地区的语言，基本会说普通话。少数民族聚居地幼儿会用普通话进行日常会话。 3.能基本完整地讲述自己的所见所闻和经历的事情。 4.讲述比较连贯。	1.愿意与他人讨论问题，敢在众人面前说话。 2.会说本民族或本地区的语言和普通话，发音正确清晰。少数民族聚居地幼儿基本会说普通话。 3.能有序、连贯、清楚地讲述一件事情。 4.讲述时能使用常见的形容词、同义词等，语言比较生动。

教育建议：

1.为幼儿创造说话的机会并体验语言交往的乐趣。

每天有足够的时间与幼儿交谈。如谈论他感兴趣的话题，询问和听取他对自己事情的意见等。

尊重和接纳幼儿的说话方式，无论幼儿的表达水平如何，都应认真地倾听并给予积极的回应。

鼓励和支持幼儿与同伴一起玩耍、交谈，相互讲述见闻、趣事或看过的图书、动画片等。

方言和少数民族地区应积极为幼儿创设用普通话交流的语言环境。

2.引导幼儿清楚地表达。如：

和幼儿讲话时，成人自身的语言要清楚、简洁。

当幼儿因为急于表达而说不清楚的时候，提醒他不要着急，慢慢说；同时要耐心倾听，给予必要的补充，帮助他理清思路并清晰地说出来。

目标3　具有文明的语言习惯

3～4岁	4～5岁	5～6岁
1.与别人讲话时知道眼睛要看着对方。 2.说话自然，声音大小适中。 3.能在成人的提醒下使用恰当的礼貌用语。	1.别人对自己讲话时能回应。 2.能根据场合调节自己说话声音的大小。 3.能主动使用礼貌用语，不说脏话、粗话。	1.别人讲话时能积极主动地回应。 2.能根据谈话对象和需要，调整说话的语气。 3.懂得按次序轮流讲话，不随意打断别人。 4.能依据所处情境使用恰当的语言。如在别人难过时会用恰当的语言表示安慰。

教育建议：

1.成人注意语言文明，为幼儿做出表率。如：

与他人交谈时，认真倾听，使用礼貌用语。

在公共场合不大声说话，不说脏话、粗话。

幼儿表达意见时，成人可蹲下来，眼睛平视幼儿，耐心听他把话说完。

2.帮助幼儿养成良好的语言行为习惯。如：

结合情境提醒幼儿一些必要的交流礼节。如对长辈说话要有礼貌，客人来访时要打招呼，得到帮助时要说"谢谢"等。

提醒幼儿遵守集体生活的语言规则，如轮流发言，不随意打断别人讲话等。

提醒幼儿注意公共场所的语言文明，如不大声喧哗。

（二）阅读与书写准备

目标1 喜欢听故事，看图书

3～4岁	4～5岁	5～6岁
1.主动要求成人讲故事、读图书。 2.喜欢跟读韵律感强的儿歌、童谣。 3.爱护图书，不乱撕、乱扔。	1.反复看自己喜欢的图书。 2.喜欢把听过的故事或看过的图书讲给别人听。 3.对生活中常见的标识、符号感兴趣，知道它们表示一定的意义。	1.专注地阅读图书。 2.喜欢与他人一起谈论图书和故事的有关内容。 3.对图书和生活情境中的文字符号感兴趣，知道文字表示一定的意义。

教育建议：

1.为幼儿提供良好的阅读环境和条件。如：

提供一定数量、符合幼儿年龄特点、富有童趣的图画书。

提供相对安静的地方，尽量减少干扰，保证幼儿自主阅读。

2.激发幼儿的阅读兴趣，培养阅读习惯。如：

经常抽时间与幼儿一起看图书、讲故事。

提供童谣、故事和诗歌等不同体裁的儿童文学作品，让幼儿自主选择和阅读。

当幼儿遇到感兴趣的事物或问题时，和他一起查阅图书资料，让他感受图书的作用，体会通过阅读获取信息的乐趣。

3.引导幼儿体会标识、文字符号的用途。如：

向幼儿介绍医院、公用电话等生活中的常见标识，让他知道标识可以代表具体事物。

结合生活实际，帮助幼儿体会文字的用途。如买来新玩具时，把说明书上的文字念给幼儿听，了解玩具的玩法。

目标2　具有初步的阅读理解能力

3～4岁	4～5岁	5～6岁
1.能听懂短小的儿歌或故事。 2.会看画面，能根据画面说出图中有什么，发生了什么事等。 3.能理解图书上的文字是和画面对应的，是用来表达画面意义的。	1.能大体讲出所听故事的主要内容。 2.能根据连续画面提供的信息，大致说出故事的情节。 3.能随着作品的展开产生喜悦、担忧等相应的情绪反应，体会作品所表达的情绪情感。	1.能说出所阅读的幼儿文学作品的主要内容。 2.能根据故事的部分情节或图书画面的线索猜想故事情节的发展，或续编、创编故事。 3.对看过的图书、听过的故事能说出自己的看法。 4.能初步感受文学语言的美。

教育建议：

1.经常和幼儿一起阅读，引导他以自己的经验为基础理解图书的内容。如：

引导幼儿仔细观察画面，结合画面讨论故事内容，学习建立画面与故事内容的联系。

和幼儿一起讨论或回忆书中的故事情节，引导他有条理地说出故事的大致内容。

在给幼儿读书或讲故事时，可先不告诉名字，让幼儿听完后自己命名，并说出这样命名的理由。

鼓励幼儿自主阅读，并与他人讨论自己在阅读中的发现、体会和想法。

2.在阅读中发展幼儿的想象和创造能力。如：

鼓励幼儿依据画面线索讲述故事，大胆推测、想象故事情节的发展，改编故事部分情节或续编故事结尾。

鼓励幼儿用故事表演、绘画等不同的方式表达自己对图书和故事的理解。

鼓励和支持幼儿自编故事，并为自编的故事配上图画，制成图画书。

3.引导幼儿感受文学作品的美。如：

有意识地引导幼儿欣赏或模仿文学作品的语言节奏和韵律。

给幼儿读书时，通过表情、动作和抑扬顿挫的声音传达书中的情绪情感，让幼儿体会作品的感染力和表现力。

目标3　具有书面表达的愿望和初步技能

3～4岁	4～5岁	5～6岁
1.喜欢用涂涂画画表达一定的意思。	1.愿意用图画和符号表达自己的愿望和想法。 2.在成人提醒下，写写画画时姿势正确。	1.愿意用图画和符号表现事物或故事。 2.会正确书写自己的名字。 3.写画时姿势正确。

教育建议：

1.让幼儿在写写画画的过程中体验文字符号的功能，培养书写兴趣。如：

准备供幼儿随时取放的纸、笔等材料，也可利用沙地、树枝等自然材料，满足幼儿自由涂画的需要。

鼓励幼儿将自己感兴趣的事情或故事画下来并讲给别人听，让幼儿体会写写画画的方式可以表达自己的想法和情感。

把幼儿讲过的事情用文字记录下来，并念给他听，使幼儿知道说的话可以用文字记录下来，从中体会文字的用途。

2.在绘画和游戏中做必要的书写准备，如：

通过把虚线画出的图形轮廓连成实线等游戏，促进手眼协调，同时帮助幼儿学习由上至下、由左至右的运笔技能。

鼓励幼儿学习书写自己的名字。

提醒幼儿写画时保持正确姿势。

第三节 社会

幼儿社会领域的学习与发展过程是其社会性不断完善并奠定健全人格基础的过程。人际交往和社会适应是幼儿社会学习的主要内容，也是其社会性发展的基本途径。幼儿在与成人和同伴交往的过程中，不仅学习如何与人友好相处，也在学习如何看待自己、对待他人，不断发展适应社会生活的能力。良好的社会性发展对幼儿身心健康和其他各方面的发展都具有重要影响。

家庭、幼儿园和社会应共同努力，为幼儿创设温暖、关爱、平等的家庭和集体生活氛围，建立良好的亲子关系、师生关系和同伴关系，让幼儿在积极健康的人际关系中获得安全感和信任感，发展自信和自尊，在良好的社会环境及文化的熏陶中学会遵守规则，形成基本的认同感和归属感。

幼儿的社会性主要是在日常生活和游戏中通过观察和模仿潜移默化地发展起来的。成人应注重自己言行的榜样作用，避免简单生硬地说教。

（一）人际交往

目标1　愿意与人交往

3～4岁	4～5岁	5～6岁
1.愿意和小朋友一起游戏。 2.愿意与熟悉的长辈一起活动。	1.喜欢和小朋友一起游戏，有经常一起玩的小伙伴。 2.喜欢和长辈交谈，有事愿意告诉长辈。	1.有自己的好朋友，也喜欢结交新朋友。 2.有问题愿意向别人请教。 3.有高兴的或有趣的事愿意与大家分享。

教育建议：

1.主动亲近和关心幼儿，经常和他一起游戏或活动，让幼儿感受到与成人交往的快乐，建立亲密的亲子关系和师生关系。

2.创造交往的机会，让幼儿体会交往的乐趣。如：

利用走亲戚、到朋友家做客或有客人来访的时机，鼓励幼儿与他人接触和交谈。

鼓励幼儿参加小朋友的游戏，邀请小朋友到家里玩，感受有朋友一起玩的快乐。

幼儿园应多为幼儿提供自由交往和游戏的机会，鼓励他们自主选择、自由结伴开展活动。

目标2　能与同伴友好相处

3~4岁	4~5岁	5~6岁
1.想加入同伴的游戏时，能友好地提出请求。 2.在成人指导下，不争抢、不独霸玩具。 3.与同伴发生冲突时，能听从成人的劝解。	1.会运用介绍自己、交换玩具等简单技巧加入同伴游戏。 2.对大家都喜欢的东西能轮流、分享。 3.与同伴发生冲突时，能在他人帮助下和平解决。 4.活动时愿意接受同伴的意见和建议。 5.不欺负弱小。	1.能想办法吸引同伴和自己一起游戏。 2.活动时能与同伴分工合作，遇到困难能一起克服。 3.与同伴发生冲突时能自己协商解决。 4.知道别人的想法有时和自己不一样，能倾听和接受别人的意见，不能接受时会说明理由。 5.不欺负别人，也不允许别人欺负自己。

教育建议：

1.结合具体情境，指导幼儿学习交往的基本规则和技能。如：

当幼儿不知怎样加入同伴游戏，或提出请求不被接受时，建议他拿出玩具邀请大家一起玩；或者扮成某个角色加入同伴的游戏。

对幼儿与别人分享玩具、图书等行为给予肯定，让他对自己的表现感到高兴和满足。

当幼儿与同伴发生矛盾或冲突时，指导他尝试用协商、交换、轮流玩、合作等方式解决冲突。

利用相关的图书、故事，结合幼儿的交往经验，和他讨论什么样的行为受大家欢迎，想要得到别人的接纳应该怎样做。

幼儿园应多为幼儿提供需要大家齐心协力才能完成的活动，让幼儿在具体活动中体会合作的重要性，学习分工合作。

2.结合具体情境，引导幼儿换位思考，学习理解别人。如：

幼儿有争抢玩具等不友好行为时，引导他们想想"假如你是那个小朋友，你有什么感受？"让幼儿学习理解别人的想法和感受。

3.和幼儿一起谈谈他的好朋友，说说喜欢这个朋友的原因，引导他多发现同伴的优点、长处。

目标3　具有自尊、自信、自主的表现

3～4岁	4～5岁	5～6岁
1.能根据自己的兴趣选择游戏或其他活动。 2.为自己的好行为或活动成果感到高兴。 3.自己能做的事情愿意自己做。 4.喜欢承担一些小任务。	1.能按自己的想法进行游戏或其他活动。 2.知道自己的一些优点和长处，并对此感到满意。 3.自己的事情尽量自己做，不愿意依赖别人。 4.敢于尝试有一定难度的活动和任务。	1.能主动发起活动或在活动中出主意、想办法。 2.做了好事或取得了成功后还想做得更好。 3.自己的事情自己做，不会的愿意学。 4.主动承担任务，遇到困难能够坚持而不轻易求助。 5.与别人的看法不同时，敢于坚持自己的意见并说出理由。

教育建议：

1.关注幼儿的感受，保护其自尊心和自信心。如：

能以平等的态度对待幼儿，使幼儿切实感受到自己被尊重。

对幼儿好的行为表现多给予具体、有针对性的肯定和表扬，让他对自己的优点和长处有所认识并感到满足和自豪。

不要拿幼儿的不足与其他幼儿的优点作比较。

2.鼓励幼儿自主决定，独立做事，增强其自尊心和自信心。如：

与幼儿有关的事情要征求他的意见，即使他的意见与成人不同，也要认真倾听，接受他的合理要求。

在保证安全的情况下，支持幼儿按自己的想法做事；或提供必要的条件，帮助他实现自己的想法。

幼儿自己的事情尽量放手让他自己做，即使做得不够好，也应鼓励并给予一定的指导，让他在做事中树立自尊和自信。

鼓励幼儿尝试有一定难度的任务，并注意调整难度，让他感受经过努力获得的成就感。

目标4　关心尊重他人

3～4岁	4～5岁	5～6岁
1.长辈讲话时能认真听，并能听从长辈的要求。 2.身边的人生病或不开心时表示同情。 3.在提醒下能做到不打扰别人。	1.会用礼貌的方式向长辈表达自己的要求和想法。 2.能注意到别人的情绪，并有关心、体贴的表现。 3.知道父母的职业，能体会到父母为养育自己所付出的辛劳。	1.能有礼貌地与人交往。 2.能关注别人的情绪和需要，并能给予力所能及的帮助。 3.尊重为大家提供服务的人，珍惜他们的劳动成果。 4.接纳、尊重与自己的生活方式或习惯不同的人。

教育建议：

1.成人以身作则，以尊重、关心的态度对待自己的父母、长辈和其他人。如：

经常问候父母，主动做家务。

礼貌地对待老年人，如坐车时主动为老人让座。

看到别人有困难能主动关心并给予一定的帮助。

2.引导幼儿尊重、关心长辈和身边的人，尊重他人劳动及成果。如：

提醒幼儿关心身边的人，如妈妈累了，知道让她安静休息一会儿。

借助故事、图书等给幼儿讲讲父母抚育幼儿成长的经历，让幼儿理解和体会父爱与母爱。

结合实际情境，提醒幼儿注意别人的情绪，了解他们的需要，给予适当的关心和帮助。

利用生活机会和角色游戏，帮助幼儿了解与自己关系密切的社会服务机构及其工作，如商场、邮局、医院等，体会这些机构给大家提供的便利和服务，懂得尊重工作人员的劳动，珍惜劳动成果。

3.引导幼儿学习用平等、接纳和尊重的态度对待差异。如：

了解每个人都有自己的兴趣、爱好和特长，可以相互学习。

利用民间游戏、传统节日等，适当向幼儿介绍我国主要民族和世界其他国家和民族的文化，帮助幼儿感知文化的多样性和差异性，理解人们之间是平等的，应该互相尊重，友好相处。

（二）社会适应

目标1　喜欢并适应群体生活

3～4岁	4～5岁	5～6岁
1.对群体活动有兴趣。 2.对幼儿园的生活好奇，喜欢上幼儿园。	1.愿意并主动参加群体活动。 2.愿意与家长一起参加社区的一些群体活动。	1.在群体活动中积极、快乐。 2.对小学生活有好奇和向往。

教育建议：

1.经常和幼儿一起参加一些群体性的活动，让幼儿体会群体活动的乐趣。如：参加亲戚、朋友和同事间的聚会以及适合幼儿参加的社区活动等，支持幼儿和不同群体的同伴一起游戏，丰富其群体活动的经验。

2.幼儿园组织活动时，可以经常打破班级的界限，让幼儿有更多机会参加不同群体的活动。

3.带领大班幼儿参观小学,讲讲小学有趣的活动,唤起他们对小学生活的好奇和向往,为入学做好心理准备。

目标2　遵守基本的行为规范

3~4岁	4~5岁	5~6岁
1.在提醒下,能遵守游戏和公共场所的规则。 2.知道不经允许不能拿别人的东西,借别人的东西要归还。 3.在成人提醒下,爱护玩具和其他物品。	1.感受规则的意义,并能基本遵守规则。 2.不私自拿不属于自己的东西。 3.知道说谎是不对的。 4.知道接受了的任务要努力完成。 5.在提醒下,能节约粮食、水电等。	1.理解规则的意义,能与同伴协商制定游戏和活动规则。 2.爱惜物品,用别人的东西时也知道爱护。 3.做了错事敢于承认,不说谎。 4.能认真负责地完成自己所接受的任务。 5.爱护身边的环境,注意节约资源。

教育建议:

1.成人要遵守社会行为规则,为幼儿树立良好的榜样。如:答应幼儿的事一定要做到、尊老爱幼、爱护公共环境,节约水电等。

2.结合社会生活实际,帮助幼儿了解基本行为规则或其他游戏规则,体会规则的重要性,学习自觉遵守规则。如:

经常和幼儿玩带有规则的游戏,遵守共同约定的游戏规则。

利用实际生活情境和图书故事,向幼儿介绍一些必要的社会行为规则,以及为什么要遵守这些规则。

在幼儿园的区域活动中,创设情境,让幼儿体会没有规则的不方便,鼓励他们讨论制定规则并自觉遵守。

对幼儿表现出的遵守规则的行为要及时肯定,对违规行为给予纠正。如:幼儿主动为老人让座时要表扬;幼儿损害别人的物品或公共物品时要及时制止并主动赔偿。

3.教育幼儿要诚实守信。如:

对幼儿诚实守信的行为要及时肯定。

允许幼儿犯错误,告诉他改了就好。不要打骂幼儿,以免他因害怕惩罚而说谎。

低龄幼儿经常分不清想象和现实,成人不要误认为他是在说谎。

发现幼儿说谎时,要反思是否是因自己对幼儿的要求过高过严造成的。如果是,要及时调整自己的行为,同时要严肃地告诉幼儿说谎是不对的。

经常给幼儿分配一些力所能及的任务,要求他完成并及时给予表扬,培养他的责任感和认真负责的态度。

目标3　具有初步的归属感

3～4岁	4～5岁	5～6岁
知道和自己一起生活的家庭成员及与自己的关系,体会到自己是家庭的一员。 能感受到家庭生活的温暖,爱父母,亲近与信赖长辈。 能说出自己家所在街道、小区(乡镇、村)的名称。 认识国旗,知道国歌。	喜欢自己所在的幼儿园和班级,积极参加集体活动。 能说出自己家所在地的省、市、县(区)名称,知道当地有代表性的物产或景观。 知道自己是中国人。 奏国歌、升国旗时能自动站好。	愿意为集体做事,为集体的成绩感到高兴。 能感受到家乡的发展变化并为此感到高兴。 知道自己的民族,知道中国是一个多民族的大家庭,各民族之间要互相尊重,团结友爱。 知道国家一些重大成就,爱祖国,为自己是中国人感到自豪。

教育建议:

1.亲切地对待幼儿,关心幼儿,让他感到长辈是可亲、可近、可信赖的,家庭和幼儿园是温暖的。如:

多和幼儿一起游戏、谈笑,尽量在家庭和班级中营造温馨的氛围。

通过和幼儿一起翻阅照片、讲幼儿成长的故事等,让幼儿感受到家庭和幼儿园的温暖,老师的和蔼可亲,对养育自己的人产生感激之情。

2.吸引和鼓励幼儿参加集体活动,萌发集体意识。如:

幼儿园和班级里的重大事情和计划,请幼儿集体讨论决定。

幼儿园应经常组织多种形式的集体活动，萌发幼儿的集体荣誉感。

3.运用幼儿喜闻乐见和能够理解的方式激发幼儿爱家乡、爱祖国的情感。如：

和幼儿说一说或在地图上找一找自己家所在的省、市、县（区）名称。

和幼儿一起外出游玩，一起看有关的电视节目或画报等；和他们一起收集有关家乡、祖国各地的风景名胜、著名的建筑、独特物产的图片等，在观看和欣赏的过程中激发幼儿的自豪感和热爱之情。

利用电视节目或参加升旗等活动，向幼儿介绍国旗、国歌以及观看升旗、奏国歌的礼仪。

向幼儿介绍反映中国人聪明才智的发明和创造，激发幼儿的民族自豪感。

第四节 科学

幼儿的科学学习是在探究具体事物和解决实际问题中,尝试发现事物间的异同和联系的过程。幼儿在对自然事物的探究和运用数学解决实际生活问题的过程中,不仅获得丰富的感性经验,充分发展形象思维,而且初步尝试归类、排序、判断、推理,逐步发展逻辑思维能力,为其他领域的深入学习奠定基础。

幼儿科学学习的核心是激发探究兴趣,体验探究过程,发展初步的探究能力。成人要善于发现和保护幼儿的好奇心,充分利用自然和实际生活机会,引导幼儿通过观察、比较、操作、实验等方法,学习发现问题、分析问题和解决问题;帮助幼儿不断积累经验,并运用于新的学习活动,形成受益终身的学习态度和能力。

幼儿的思维特点是以具体形象思维为主,应注重引导幼儿通过直接感知、亲身体验和实际操作进行科学学习,不应为追求知识和技能的掌握,对幼儿进行灌输和强化训练。

(一)科学探究

目标1 亲近自然,喜欢探究

3~4岁	4~5岁	5~6岁
1.喜欢接触大自然,对周围的很多事物和现象感兴趣。 2.经常问各种问题,或好奇地摆弄物品。	1.喜欢接触新事物,经常问一些与新事物有关的问题。 2.常常动手动脑探索物体和材料,并乐在其中。	1.对自己感兴趣的问题总是刨根问底。 2.能经常动手动脑寻找问题的答案。 3.探索中有所发现时感到兴奋和满足。

教育建议：

1.经常带幼儿接触大自然，激发其好奇心与探究欲望。如：

为幼儿提供一些有趣的探究工具，用自己的好奇心和探究积极性感染和带动幼儿。

和幼儿一起发现并分享周围新奇、有趣的事物或现象，一起寻找问题的答案。

通过拍照和画图等方式保留和积累有趣的探索与发现。

2.真诚地接纳、多方面支持和鼓励幼儿的探索行为。如：

认真对待幼儿的问题，引导他们猜一猜、想一想，有条件时和幼儿一起做一些简易的调查或有趣的小实验。

容忍幼儿因探究而弄脏、弄乱，甚至破坏物品的行为，引导他们活动后做好收拾整理。

多为幼儿选择一些能操作、多变化、多功能的玩具材料或废旧材料，在保证安全的前提下，鼓励幼儿拆装或动手自制玩具。

目标2　具有初步的探究能力

3～4岁	4～5岁	5～6岁
1.对感兴趣的事物能仔细观察，发现其明显特征。 2.能用多种感官或动作去探索物体，关注动作所产生的结果。	1.能对事物或现象进行观察比较，发现其相同与不同。 2.能根据观察结果提出问题，并大胆猜测答案。 3.能通过简单的调查收集信息。 4.能用图画或其他符号进行记录。	1.能通过观察、比较与分析，发现并描述不同种类物体的特征或某个事物前后的变化。 2.能用一定的方法验证自己的猜测。 3.在成人的帮助下能制定简单的调查计划并执行。 4.能用数字、图画、图表或其他符号记录。 5.探究中能与他人合作与交流。

教育建议：

1.有意识地引导幼儿观察周围事物，学习观察的基本方法，培养观察与分类能力。如：

支持幼儿自发的观察活动，对其发现表示赞赏。

通过提问等方式引导幼儿思考并对事物进行比较观察和连续观察。

引导幼儿在观察和探索的基础上，尝试进行简单的分类、概括。如：根据运动方式给动物分类，根据生长环境给植物分类，根据外部特征给物体分类等等。

2.支持和鼓励幼儿在探究的过程中积极动手动脑寻找答案或解决问题。如：

鼓励幼儿根据观察或发现提出值得继续探究的问题，或成人提出有探究意义且能激发幼儿兴趣的问题。如：皮球、轮胎、竹筒等物体滚动时都走直线吗？怎样让橡皮泥球浮在水面上？

支持和鼓励幼儿大胆联想、猜测问题的答案，并设法验证。如：玩风车时，鼓励幼儿猜测风车转动方向及速度快慢的原因和条件，并实际去验证。

支持、引导幼儿学习用适宜的方法探究和解决问题，或为自己的想法收集证据。如：想知道院子里有多少种植物，可以进行实地调查；想知道球在平地上还是在斜坡上滚得快，可以动手试一试；想证明影子的方向与太阳的位置有关，可以做个小实验进行验证等。

3.鼓励和引导幼儿学习做简单的计划和记录，并与他人交流分享。如：

和幼儿共同制定调查计划，讨论调查对象、步骤和方法等，也可以和幼儿一起设法用图画、箭头等标识呈现计划。

鼓励幼儿用绘画、照相、做标本等办法记录观察和探究的过程与结果，注意要让记录有意义，通过记录帮助幼儿丰富观察经验、建立事物之间的联系和分享发现。

支持幼儿与同伴合作探究与分享交流，引导他们在交流中尝试整理、概括自己探究的成果，体验合作探究和发现的乐趣。如一起讨论和分享自己的问题与发现，一起想办法收集资料和验证猜测。

4.帮助幼儿回顾自己探究过程，讨论自己做了什么，怎么做的，结果与计划目标是否一致，分析一下原因以及下一步要怎样做等。

目标3　在探究中认识周围事物和现象

3～4岁	4～5岁	5～6岁
1.认识常见的动植物，能注意并发现周围的动植物是多种多样的。 2.能感知和发现物体和材料的软硬、光滑和粗糙等特性。 3.能感知和体验天气对自己生活和活动的影响。 4.初步了解和体会动物和人们生活的关系。	1.能感知和发现动植物的生长变化及其基本条件。 2.能感知和发现常见材料的溶解、传热等性质或用途。 3.能感知和发现简单物理现象，如物体形态或位置变化等。 4.能感知和发现不同季节的特点，体验季节对动植物和人的影响。 5.初步感知常用科技产品与自己生活的关系，知道科技产品有利也有弊。	1.能察觉到动植物的外形特征、习性与生存环境的适应关系。 2.能发现常见物体的结构与功能之间的关系。 3.能探索并发现常见的物理现象产生的条件或影响因素，如影子、沉浮等。 4.感知并了解季节变化的周期性，知道变化的顺序。 5.初步了解人们的生活与自然环境的密切关系，知道尊重和珍惜生命，保护环境。

教育建议：

1.支持幼儿在接触自然、生活事物和现象中积累有益的直接经验和感性认识。如：

和幼儿一起通过户外活动、参观考察、种植和饲养活动，感知生物的多样性和独特性，以及生长发育、繁殖和死亡的过程。

给幼儿提供丰富的材料和适宜的工具，支持幼儿在游戏过程中探索并感知常见物质、材料的特性和物体的结构特点。

2.引导幼儿在探究中思考，尝试进行简单的推理和分析，发现事物之间明显的关联。如：

引导5岁以上幼儿关注和思考动植物的外部特征、习性与生活环境对动植物生存的意义。如兔子的长耳朵具有自我保护的作用；植物种子的形状有助于其传播等。

引导幼儿根据常见物质、材料的特性和物体的结构特点，推测和证实它们的用途。如：带轮子的物体方便移动；不同用途的车辆有不同的结构等等。

3.引导幼儿关注和了解自然、科技产品与人们生活的密切关系，逐渐懂得热爱、尊重、保护自然。如：

结合幼儿的生活需要，引导他们体会人与自然、动植物的依存关系。如：动植物、季节变化与人们生活的关系、常见灾害性天气给人们生产和生活带来的影响等。

和幼儿一起讨论常见科技产品的用途和弊端，如：汽车等交通工具给生活带来的方便和对环境的污染等。

（二）数学认知

目标1　初步感知生活中数学的有用和有趣

3～4岁	4～5岁	5～6岁
1.感知和发现周围物体的形状是多种多样的，对不同的形状感兴趣。 2.体验和发现生活中很多地方都用到数。	1.在指导下，感知和体会有些事物可以用形状来描述。 2.在指导下，感知和体会有些事物可以用数来描述，对环境中各种数字的含义有进一步探究的兴趣。	1.能发现事物简单的排列规律，并尝试创造新的排列规律。 2.能发现生活中许多问题都可以用数学的方法来解决，体验解决问题的乐趣。

教育建议：

1.引导幼儿注意事物的形状特征，尝试用表示形状的词来描述事物，体会描述的生动形象性和趣味性。如：

参观游览后，和幼儿一起谈论所看到的事物的形状，鼓励幼儿产生联想，并用自己的语言进行描述。如：熊猫的身体圆圆的，全身好像是一个个的圆形组成的。

和幼儿交谈或读书讲故事时，适当地运用一些有关形状的词汇来描述事物，如看图片时，和幼儿讨论奥运会场馆的形状，体会为什么有的场馆叫"水立方"，有的叫"鸟巢"。

2.引导幼儿感知和体会生活中很多地方都用到数，关注周围与自己生活密切相关的数的信息，体会数可以代表不同的意义。和幼儿一起寻找发现生活中用数字作标识的事物，如电话号码、时钟、日历和商品的价签等。

引导幼儿了解和感受数用在不同的地方，表示的意义是不一样的。如天气预报中表示气温的数代表冷热状况；钟表上的数表明时间的早晚等。

鼓励幼儿尝试使用数的信息进行一些简单的推理。如知道今天是星期五，能推断明天是星期六，爸爸妈妈休息。

3.引导幼儿观察发现按照一定规律排列的事物，体会其中的排列特点与规律，并尝试自己创造出新的排列规律。如：

和幼儿一起发现和体会按一定顺序排列的队形整齐有序。

提供具有重复性旋律和词语的音乐、儿歌和故事，或利用环境中有序排列的图案（如按颜色间隔排列的瓷砖、按形状间隔排列的珠帘等），鼓励幼儿发现和感受其中的规律。

鼓励幼儿尝试自己设计有规律的花边图案、创编有一定规律的动作，或者按某种规律进行搭建活动。

引导幼儿体会生活中很多事情都是有一定顺序和规律的，如一周七天的顺序是从周一到周日，一年四季按照春夏秋冬轮回等。

4.鼓励和支持幼儿发现、尝试解决日常生活中需要用到数学的问题，体会数学的用处。如：

拍球、跳绳、跳远或投沙包时，可通过数数、测量的方法确定名次。

讨论春游去哪里玩时，让幼儿商量想去哪里玩？每个想去的地方有多少人？根据统计结果做出决定。

滑滑梯时，按照"先来先玩"的规则有序地排队玩。

目标2　感知和理解数、量及数量关系

3～4岁	4～5岁	5～6岁
1.能感知和区分物体的大小、多少、高矮长短等量方面的特点，并能用相应的词表示。 2.能通过一一对应的方法比较两组物体的多少。 3.能手口一致地点数5个以内的物体，并能说出总数。能按数取物。 4.能用数词描述事物或动作。如我有4本图书。	1.能感知和区分物体的粗细、厚薄、轻重等量方面的特点，并能用相应的词语描述。 2.能通过数数比较两组物体的多少。 3.能通过实际操作理解数与数之间的关系，如5比4多1；2和3合在一起是5。 4.会用数词描述事物的排列顺序和位置。	1.初步理解量的相对性。 2.借助实际情境和操作（如合并或拿取）理解"加"和"减"的实际意义。 3.能通过实物操作或其他方法进行10以内的加减运算。 4.能用简单的记录表、统计图等表示简单的数量关系。

教育建议：

1.引导幼儿感知和理解事物"量"的特征。如：

感知常见事物的大小、多少、高矮、粗细等量的特征，学习使用相应的词汇描述这些特征。

结合具体事物让幼儿通过多次比较逐渐理解"量"是相对的。如小亮比小明高，但比小强矮。

收拾物品时，根据情况，鼓励幼儿按照物体量的特征分类整理。如整理图书时按照大小摆放。

2.结合日常生活，指导幼儿学习通过对应或数数的方式比较物体的多少。如：

鼓励幼儿在一对一配对的过程中发现两组物体的多少。如，在给桌子上的每个碗配上勺子时，发现碗和勺多少的不同。

鼓励幼儿通过数数比较两样东西的多少。如数一数有多少个苹果，多少个梨，判断苹果和梨哪个多，哪个少。

3.利用生活和游戏中的实际情境，引导幼儿理解数概念。如：

结合生活需要，和幼儿一起手口一致点数物体，得出物体的总数。

通过点数的方式让幼儿体会物体的数量不会因排列形式、空间位置的不同而发生变化。如鼓励幼儿将一定数量的扣子以不同的形式摆放，体会扣子的数量是不变的。

结合日常生活，为幼儿提供"按数取物"的机会，如游戏时，请幼儿按要求拿出几个球。

4.通过实物操作引导幼儿理解数与数之间的关系，并用"加"或"减"的办法来解决问题。如：

游戏中遇到让4个小动物住进两间房子的问题，或生活中遇到将5块饼干分给两个小朋友的问题时，让幼儿尝试不同的分法。

鼓励幼儿尝试自己解决生活中的数学问题。如家里来了5位客人，桌子上只有3个杯子，还需要几个杯子等。

购买少量物品时，有意识地鼓励幼儿参与计算和付款的过程等。

目标3　感知形状与空间关系

3～4岁	4～5岁	5～6岁
1.能注意物体较明显的形状特征，并能用自己的语言描述。 2.能感知物体基本的空间位置与方位，理解上下、前后、里外等方位词。	1.能感知物体的形体结构特征，画出或拼搭出该物体的造型。 2.能感知和发现常见几何图形的基本特征，并能进行分类。 3.能使用上下、前后、里外、中间、旁边等方位词描述物体的位置和运动方向。	1.能用常见的几何形体有创意地拼搭和画出物体的造型。 2.能按语言指示或根据简单示意图正确取放物品。 3.能辨别自己的左右。

教育建议：

1.用多种方法帮助幼儿在物体与几何形体之间建立联系。如：

引导幼儿感受生活中各种物品的形状特征，并尝试识别和描述。如感受和识别盘子、桌子、车轮、地砖等物品的形状特征。

鼓励和支持幼儿用积木、纸盒、拼板等各种形状材料进行建构游戏或制作活动。如用长方形的纸盒加两个圆形瓶盖制作"汽车"。

收拾整理积木时，引导幼儿体验图形之间的转换。如两个三角形可组合成一个正方形，两个正方形可组合成一个长方形。

引导幼儿注意观察生活物品的图形特征，鼓励他们按形状分类整理物品。

2.丰富幼儿空间方位识别的经验，引导幼儿运用空间方位经验解决问题。如：

请幼儿取放物体时，使用他们能够理解的方位词，如把桌子下面的东西放到窗台上，把花盆放在大树旁边等。

和幼儿一起识别熟悉场所的位置。如超市在家的旁边，邮局在幼儿园的前面。

在体育、音乐和舞蹈活动中，引导幼儿感受空间方位和运动方向。

和幼儿玩按指令寻宝的游戏。对年龄小的幼儿要求他们按语言指令寻找，对年龄大些的幼儿可要求按照简单的示意图寻找。

第五节　艺术

艺术是人类感受美、表现美和创造美的重要形式，也是表达自己对周围世界的认识和情绪态度的独特方式。

每个幼儿心里都有一颗美的种子。幼儿艺术领域学习的关键在于充分创造条件和机会，在大自然和社会文化生活中萌发幼儿对美的感受和体验，丰富其想象力和创造力，引导幼儿学会用心灵去感受和发现美，用自己的方式去表现和创造美。

幼儿对事物的感受和理解不同于成人，他们表达自己认识和情感的方式也有别于成人。幼儿独特的笔触、动作和语言往往蕴含着丰富的想象和情感，成人应对幼儿的艺术表现给予充分的理解和尊重，不能用自己的审美标准去评判幼儿，更不能为追求结果的"完美"而对幼儿进行千篇一律的训练，以免扼杀其想象与创造的萌芽。

（一）感受与欣赏

目标1　喜欢自然界与生活中美的事物

3～4岁	4～5岁	5～6岁
1.喜欢观看花草树木、日月星空等大自然中美的事物。 2.容易被自然界中的鸟鸣、风声、雨声等好听的声音所吸引。	1.在欣赏自然界和生活环境中美的事物时，关注其色彩、形态等特征。 2.喜欢倾听各种好听的声音，感知声音的高低、长短、强弱等变化。	1.乐于收集美的物品或向别人介绍所发现的美的事物。 2.乐于模仿自然界和生活环境中有特点的声音，并产生相应的联想。

教育建议：

1.和幼儿一起感受、发现和欣赏自然环境和人文景观中美的事物。如：

让幼儿多接触大自然，感受和欣赏美丽的景色和好听的声音。

经常带幼儿参观园林、名胜古迹等人文景观，讲讲有关的历史故事、传说，与幼儿一起讨论和交流对美的感受。

2.和幼儿一起发现美的事物的特征，感受和欣赏美。如：

让幼儿观察常见动植物以及其他物体，引导幼儿用自己的语言、动作等描述它们美的方面，如颜色、形状、形态等。

让幼儿倾听和分辨各种声响，引导幼儿用自己的方式来表达他对音色、强弱、快慢的感受。

支持幼儿收集喜欢的物品并和他一起欣赏。

目标2　喜欢欣赏多种多样的艺术形式和作品

3～4岁	4～5岁	5～6岁
1.喜欢听音乐或观看舞蹈、戏剧等表演。 2.乐于观看绘画、泥塑或其他艺术形式的作品。	1.能够专心地观看自己喜欢的文艺演出或艺术品，有模仿和参与的愿望。 2.欣赏艺术作品时会产生相应的联想和情绪反应。	1.艺术欣赏时常常用表情、动作、语言等方式表达自己的理解。 2.愿意和别人分享、交流自己喜爱的艺术作品和美感体验。

教育建议：

1.创造条件让幼儿接触多种艺术形式和作品。如：

经常让幼儿接触各种形式的、适宜的音乐作品，丰富幼儿对音乐的感受和体验。

和幼儿一起用图画、手工制品等装饰和美化环境。

带幼儿观看或共同参与传统民间艺术和地方民俗文化活动，如皮影戏、剪纸和捏面人等。

有条件的情况下，带幼儿去剧院、美术馆、博物馆等欣赏文艺表演和艺术作品。

2.尊重幼儿的兴趣和独特感受,理解他们欣赏时的行为。如:

理解和尊重幼儿在欣赏艺术作品时的手舞足蹈、即兴模仿等行为。

当幼儿主动介绍自己喜爱的舞蹈、戏曲、绘画或工艺品时,要耐心倾听并给予积极回应和鼓励。

(二)表现与创造

目标1　喜欢进行艺术活动并大胆表现

3~4岁	4~5岁	5~6岁
1.经常自哼自唱或模仿有趣的动作、表情和声调。 1.经常涂涂画画、粘粘贴贴并乐在其中。	1.经常唱唱跳跳,愿意参加歌唱、律动、舞蹈、表演等活动。 2.经常用绘画、捏泥、手工制作等多种方式表现自己的所见所想。	1.积极参与艺术活动,有自己比较喜欢的活动形式。 2.能用多种工具、材料或不同的表现手法表达自己的感受和想象。 3.艺术活动中能与他人相互配合,也能独立表现。

教育建议:

1.创造机会和条件,支持幼儿自发的艺术表现和创造。

提供丰富的便于幼儿取放的材料、工具或物品,支持幼儿进行自主绘画、手工、歌唱、表演等艺术活动。

经常和幼儿一起唱歌、表演、绘画、制作,共同分享艺术活动的乐趣。

2.营造安全的心理氛围,让幼儿敢于并乐于表达表现。如:

欣赏和回应幼儿的哼哼唱唱、模仿表演等自发的艺术活动,赞赏他独特的表现方式。

在幼儿自主表达创作过程中,不做过多干预或把自己的意愿强加给幼儿,在幼儿需要时再给予具体的帮助。

了解并倾听幼儿艺术表现的想法或感受,领会并尊重幼儿的创作意图,不简单用"像不像""好不好"等成人标准来评价。

展示幼儿的作品，鼓励幼儿用自己的作品或艺术品布置环境。

目标2　具有初步的艺术表现与创造能力

3～4岁	4～5岁	5～6岁
1.能模仿学唱短小歌曲。 2.能跟随熟悉的音乐做身体动作。 3.能用声音、动作、姿态模拟自然界的事物和生活情景。 4.能用简单的线条和色彩大体画出自己想画的人或事物。	1.能用自然的、音量适中的声音基本准确地唱歌。 2.能通过即兴哼唱、即兴表演或给熟悉的歌曲编词来表达自己的心情。 3.能用拍手、踏脚等身体动作或可敲击的物品敲打节拍和基本节奏。 4.能运用绘画、手工制作等表现自己观察到或想象的事物。	1.能用基本准确的节奏和音调唱歌。 2.能用律动或简单的舞蹈动作表现自己的情绪或自然界的情景。 3.能自编自演故事，并为表演选择和搭配简单的服饰、道具或布景。 4.能用自己制作的美术作品布置环境、美化生活。

教育建议：

尊重幼儿自发的表现和创造，并给予适当的指导。如：

鼓励幼儿在生活中细心观察、体验，为艺术活动积累经验与素材。如，观察不同树种的形态、色彩等。

提供丰富的材料，如图书、照片、绘画或音乐作品等，让幼儿自主选择，用自己喜欢的方式去模仿或创作，成人不做过多要求。

根据幼儿的生活经验，与幼儿共同确定艺术表达表现的主题，引导幼儿围绕主题展开想象，进行艺术表现。

幼儿绘画时，不宜提供范画，特别不应要求幼儿完全按照范画来画。

肯定幼儿作品的优点，用表达自己感受的方式引导其提高。如，"你的画用了这么多红颜色，感觉就像过年一样喜庆""你扮演的大灰狼声音真像，要是表情再凶一点就更好了"等。